U0916212

中国旅游统计年鉴

（副本）

THE YEARBOOK OF CHINA TOURISM STATISTICS（SUPPLEMENT）

2015

中 华 人 民 共 和 国 国 家 旅 游 局
NATIONAL TOURISM ADMINISTRATION OF
THE PEOPLE'S REPUBLIC OF CHINA

中国旅游出版社

编　者　说　明

《中国旅游统计年鉴（副本）2015》是反映 2014年我国旅游业供给要素诸方面情况的资料性年刊。主要内容有，上篇：全国旅游企业综合资料，包括各省、自治区、直辖市和主要城市旅游企业的主要经济指标；下篇：全国星级饭店综合资料。

作为《中国旅游统计年鉴》的重要补充，本书是了解、研究我国旅游生产力的规模、布局、结构以及旅游企业经济效益等方面情况的重要参考资料，翔实的旅游饭店的统计资料，对于研究旅游饭店业在我国旅游业跨世纪发展中的地位、作用及自身发展轨迹更具有重要的参考价值。本书可供旅游部门、国民经济各有关部门、教学科研单位以及经济工作者和大专院校师生使用。

本书资料来源于全国各省、自治区、直辖市旅游局每年进行的定期报表统计，统计口径与国家旅游局和国家统计局联合制定的《旅游统计调查制度》规定的口径一致。

全国统计数据均未包括我国香港特别行政区、澳门特别行政区和台湾省的数字。

本书中有“#”号者表示为该栏的主要项或其中项；有“—”号者表示该项数据不详或无可比性。

中国旅游统计年鉴编委会

二〇一五年十二月

目　　录

上篇　全国旅游企业综合资料

一、全国旅游企业综合资料

二、分地区旅游企业资料

下篇　全国星级饭店综合资料

五、全国星级饭店综合资料

六、全国五星级饭店综合资料

十、全国一星级饭店综合资料

上　　篇

全国旅游企业综合资料

一、全国旅游企业综合资料

1-1　全国旅游企业

	固定资产原　价（万元）	营业收入（万元）	利　润（万元）	营业税金及附加（万元）
合　计	**71 219 712.14**	**67 320 754.37**	**1 457 264.58**	**1 615 537.48**
（一）旅行社	7 646 667.08	40 295 875.59	1 703 232.03	166 024.67
（二）星级饭店	50 094 772.76	21 514 480.10	–592 068.67	1 252 924.34
内资饭店	42 611 617.07	18 613 721.32	–762 523.48	1 086 171.24
外资饭店	7 483 155.69	2 900 758.79	170 454.81	166 753.10
（三）旅游景区	13 478 272.30	5 510 398.68	346 101.22	196 588.47

主要经济指标（按行业分）

利润率（%）	全员劳动生产率（万元／人）	人均实现利润（万元／人）	人均固定资产原价（万元／人）	从业人员（人）	企业数（家）
2.16	**34.77**	**0.75**	**36.78**	**1 936 306**	**39 882**
4.23	118.06	4.99	22.40	341 312	26 650
–2.75	15.80	–0.43	36.78	1 361 869	11 180
–4.01	14.97	–0.61	34.27	1 243 414	10 738
5.88	24.49	1.44	63.17	118 455	442
6.28	23.64	1.48	57.82	233 125	2 052

1-2 全国旅行社

	固定资产原价（万元）	营业收入（万元）	利润（万元）	营业税金及附加（万元）
全国	**7 646 667.08**	**40 295 875.59**	**1 703 232.03**	**166 024.67**
北京	1 199 938.07	7 560 159.80	290 362.49	27 612.27
天津	167 685.00	573 594.38	16 251.11	1 516.34
河北	176 287.51	423 115.09	30 494.08	2 167.41
山西	102 757.01	368 483.59	17 525.50	1 334.34
内蒙古	89 232.79	163 589.98	13 621.19	1 514.13
辽宁	138 971.89	891 053.32	44 992.10	3 306.48
吉林	35 820.88	139 402.43	5 261.25	615.84
黑龙江	66 784.94	281 096.91	20 713.21	2 149.37
上海	384 376.61	5 943 149.13	214 769.65	18 984.52
江苏	776 590.42	2 539 557.96	90 463.07	11 267.34
浙江	575 983.93	2 566 711.21	132 913.83	12 470.81
安徽	184 517.02	503 444.81	28 237.96	2 985.49
福建	435 631.62	1 579 607.80	69 166.22	6 825.92
江西	147 358.26	426 875.21	11 063.82	1 887.68
山东	583 425.49	1 447 771.87	96 363.64	7 637.44
河南	124 947.59	305 086.38	17 423.75	1 587.30
湖北	497 748.45	1 136 549.01	60 742.11	5 607.73
湖南	90 991.69	1 342 945.87	56 220.46	4 953.49
广东	808 303.51	6 389 333.63	303 065.94	29 699.36
广西	70 427.90	584 332.31	19 533.71	2 721.30
海南	48 323.53	532 163.89	16 363.07	1 578.84
重庆	230 124.18	1 267 550.05	41 212.13	3 229.98
四川	220 341.71	578 122.95	13 635.96	4 198.54
贵州	21 907.08	206 054.49	8 555.95	814.99
云南	227 645.93	1 583 861.98	44 849.62	5 188.20
西藏	8 826.61	28 872.33	1 076.80	149.38
陕西	63 218.59	453 118.89	15 768.31	1 758.18
甘肃	52 984.22	111 555.44	5 642.78	664.26
青海	34 377.56	69 138.41	5 267.27	326.96
宁夏	14 110.69	95 675.85	2 534.63	253.26
新疆	67 026.42	203 900.65	9 140.42	1 017.52

主要经济指标（按地区分）

利润率（%）	全员劳动生产率（万元／人）	人均实现利润（万元／人）	人均固定资产原价（万元／人）	从业人员（人）	企业数（家）
4.23	**118.06**	**4.99**	**22.40**	**341 312**	**26 650**
3.84	228.83	8.79	36.32	33 039	1 302
2.83	134.71	3.82	39.38	4 258	377
7.21	44.76	3.23	18.65	9 452	1 343
4.76	48.55	2.31	13.54	7 589	771
8.33	31.81	2.65	17.35	5 142	887
5.05	107.43	5.42	16.76	8 294	1 210
3.77	35.53	1.34	9.13	3 923	582
7.37	58.42	4.30	13.88	4 812	663
3.61	263.80	9.53	17.06	22 529	1 185
3.56	119.97	4.27	36.69	21 168	2 099
5.18	92.97	4.81	20.86	27 607	2 036
5.61	52.96	2.97	19.41	9 507	1 046
4.38	106.80	4.68	29.45	14 791	805
2.59	68.46	1.77	23.63	6 235	751
6.66	74.99	4.99	30.22	19 306	2 054
5.71	43.75	2.50	17.92	6 973	1 100
5.34	68.59	3.67	30.04	16 571	1 050
4.19	115.61	4.84	7.83	11 616	751
4.74	142.73	6.77	18.06	44 766	1 792
3.34	79.91	2.67	9.63	7 312	537
3.07	103.21	3.17	9.37	5 156	352
3.25	155.89	5.07	28.30	8 131	504
2.36	86.33	2.04	32.90	6 697	457
4.15	40.35	1.68	4.29	5 107	299
2.83	121.55	3.44	17.47	13 031	704
3.73	40.49	1.51	12.38	713	102
3.48	58.84	2.05	8.21	7 701	687
5.06	40.26	2.04	19.12	2 771	423
7.62	38.24	2.91	19.01	1 808	237
2.65	64.91	1.72	9.57	1 474	114
4.48	53.20	2.38	17.49	3 833	430

1-3 全国星级饭店

	固定资产原价（万元）	营业收入（万元）	利润（万元）	营业税金及附加（万元）
全国	**50 094 772.76**	**21 514 480.10**	**-592 068.67**	**1 252 924.34**
北京	6 964 453.30	2 608 344.50	10 869.40	145 859.60
天津	396 748.42	261 344.07	-16 988.31	14 594.25
河北	1 829 935.52	557 934.94	-114 282.02	31 578.27
山西	925 531.54	337 338.63	-51 074.78	17 077.11
内蒙古	881 775.71	264 609.68	-33 542.00	13 379.68
辽宁	1 847 005.71	596 833.31	-89 071.24	32 859.10
吉林	632 236.46	183 085.00	-30 623.92	10 248.05
黑龙江	583 510.68	188 150.36	-8 297.73	16 060.76
上海	3 527 714.21	1 892 036.61	187 521.98	121 630.31
江苏	3 138 415.02	1 638 298.93	-83 239.67	89 057.62
浙江	4 345 168.95	2 202 523.98	-81 946.09	114 803.17
安徽	1 189 263.58	514 143.99	-31 060.45	28 749.21
福建	1 512 708.49	905 744.57	-1 418.91	53 299.38
江西	736 637.21	334 960.88	-1 802.31	16 123.58
山东	3 056 271.12	1 241 545.21	-61 646.14	70 606.20
河南	769 926.84	350 558.16	-32 381.46	19 381.65
湖北	1 167 924.30	497 484.69	-16 982.32	28 286.56
湖南	1 384 151.59	762 730.50	-9 026.05	28 502.19
广东	4 483 196.46	2 308 868.15	4 145.64	128 770.22
广西	1 004 807.27	384 019.58	-29 644.55	20 441.56
海南	1 028 639.35	422 164.58	37 625.28	22 668.37
重庆	920 008.63	449 467.74	-26 303.27	25 002.45
四川	1 825 235.78	668 581.92	-10 844.93	35 544.46
贵州	526 577.35	241 154.37	-5 576.36	12 961.04
云南	1 677 122.81	436 963.94	-719.63	30 700.43
西藏	340 159.80	66 236.83	-617.97	7 430.81
陕西	1 188 513.59	438 029.10	-16 739.45	24 477.53
甘肃	632 442.17	231 374.88	-8 487.85	12 149.32
青海	217 406.75	87 512.42	-4 253.32	4 570.51
宁夏	210 909.09	78 817.91	-12 304.96	4 213.27
新疆	1 150 375.07	363 620.67	-53 355.28	71 897.69

主要经济指标（按地区分）

利润率 （%）	全员劳动生产率 （万元／人）	人均实现利润 （万元／人）	人均固定资产原价 （万元／人）	从业人员 （人）	企业数 （家）
-2.75	**15.80**	**-0.43**	**36.78**	**1 361 869**	**11 180**
0.42	25.84	0.11	68.99	100 945	523
-6.50	15.61	-1.01	23.70	16 741	93
-20.48	11.00	-2.25	36.09	50 710	391
-15.14	10.19	-1.54	27.97	33 096	251
-12.68	11.41	-1.45	38.02	23 195	272
-14.92	14.14	-2.11	43.76	42 203	405
-16.73	11.57	-1.94	39.97	15 819	187
-4.41	12.64	-0.56	39.21	14 882	203
9.91	34.01	3.37	63.40	55 638	240
-5.08	18.15	-0.92	34.77	90 256	650
-3.72	20.50	-0.76	40.44	107 453	792
-6.04	13.35	-0.81	30.89	38 503	367
-0.16	14.77	-0.02	24.66	61 333	374
-0.54	10.82	-0.06	23.80	30 957	322
-4.97	10.83	-0.54	26.65	114 676	724
-9.24	11.05	-1.02	24.26	31 736	303
-3.41	13.18	-0.45	30.94	37 745	416
-1.18	15.33	-0.18	27.82	49 761	420
0.18	16.43	0.03	31.89	140 570	832
-7.72	11.31	-0.87	29.59	33 954	401
8.91	20.34	1.81	49.57	20 751	133
-5.85	15.11	-0.88	30.92	29 753	236
-1.62	13.88	-0.23	37.90	48 157	388
-2.31	11.94	-0.28	26.06	20 204	282
-0.16	9.94	-0.02	38.14	43 977	624
-0.93	14.28	-0.13	73.34	4 638	113
-3.82	11.88	-0.45	32.23	36 877	325
-3.67	9.76	-0.36	26.67	23 714	313
-4.86	11.15	-0.54	27.71	7 846	144
-15.61	10.71	-1.67	28.66	7 358	90
-14.67	12.79	-1.88	40.48	28 421	366

1-4 全国内资星级饭店

	固定资产原价（万元）	营业收入（万元）	利润（万元）	营业税金及附加（万元）
全国	**42 611 617.07**	**18 613 721.32**	**-762 523.48**	**1 086 171.24**
北京	4 917 819.80	1 799 150.40	-93 136.40	98 745.40
天津	396 727.02	260 066.77	-16 943.71	14 522.25
河北	1 695 694.32	535 994.56	-110 462.32	29 873.97
山西	916 301.44	332 931.03	-49 349.78	16 815.31
内蒙古	765 298.71	244 661.18	-30 138.10	12 298.88
辽宁	1 262 313.89	465 776.23	-76 659.31	24 663.54
吉林	550 263.56	164 318.50	-30 634.62	9 264.25
黑龙江	521 781.68	164 866.96	-12 107.83	14 792.76
上海	3 461 404.21	1 784 144.91	151 622.21	115 087.82
江苏	2 823 368.87	1 476 661.07	-71 412.73	80 231.07
浙江	3 599 182.65	1 940 264.73	-102 327.36	100 020.48
安徽	1 100 065.36	490 607.76	-31 695.91	27 400.09
福建	1 107 041.48	667 489.78	-8 350.86	39 168.74
江西	703 966.57	312 320.39	-1 631.66	14 710.62
山东	2 739 764.61	1 132 142.97	-58 707.13	63 660.61
河南	722 886.84	321 229.16	-23 669.56	17 602.55
湖北	1 077 415.54	430 307.05	-22 174.88	24 750.07
湖南	1 321 684.67	741 434.06	-7 264.41	27 339.65
广东	3 440 232.71	1 881 920.28	6 454.40	104 601.46
广西	864 996.72	352 965.84	-20 785.10	18 726.34
海南	774 132.99	268 830.14	585.79	14 175.89
重庆	761 039.23	389 046.44	-41 470.17	21 787.95
四川	1 623 964.57	625 235.96	-9 242.10	33 878.42
贵州	501 832.35	236 898.57	-4 809.06	12 721.54
云南	1 572 338.25	410 856.08	-2 270.91	29 201.18
西藏	272 405.30	60 855.93	385.43	7 122.21
陕西	949 790.42	374 250.57	-19 321.02	20 911.54
甘肃	592 205.09	223 430.69	-7 639.94	11 704.86
青海	217 406.75	87 512.42	-4 253.32	4 570.51
宁夏	207 965.29	78 491.31	-12 006.06	4 175.07
新疆	1 150 326.17	359 059.57	-53 107.08	71 646.19

主要经济指标（按地区分）

利润率 （%）	全员劳动 生产率 （万元/人）	人均实现 利润 （万元/人）	人均固定 资产原价 （万元/人）	从业人员 （人）	企业数 （家）
-4.10	**14.97**	**-0.61**	**34.27**	**1 243 414**	**10 738**
-5.18	22.12	-1.14	60.46	81 345	478
-6.52	15.72	-1.02	23.98	16 545	92
-20.61	10.91	-2.25	34.52	49 115	382
-14.82	10.19	-1.51	28.06	32 658	249
-12.32	10.97	-1.35	34.30	22 312	270
-16.46	13.48	-2.22	36.53	34 557	366
-18.64	10.97	-2.04	36.73	14 983	185
-7.34	11.76	-0.86	37.22	14 017	200
8.50	33.23	2.82	64.47	53 687	236
-4.84	17.94	-0.87	34.30	82 319	616
-5.27	19.88	-1.05	36.88	97 579	760
-6.46	13.29	-0.86	29.81	36 904	358
-1.25	13.62	-0.17	22.59	49 008	326
-0.52	10.53	-0.05	23.73	29 668	311
-5.19	10.29	-0.53	24.90	110 019	701
-7.37	10.60	-0.78	23.85	30 304	300
-5.15	12.36	-0.64	30.95	34 815	400
-0.98	15.37	-0.15	27.40	48 232	411
0.34	15.81	0.05	28.89	119 062	751
-5.89	11.09	-0.65	27.17	31 838	393
0.22	17.72	0.04	51.03	15 169	119
-10.66	14.34	-1.53	28.06	27 121	230
-1.48	13.64	-0.20	35.42	45 845	380
-2.03	11.95	-0.24	25.32	19 816	279
-0.55	9.72	-0.05	37.21	42 255	610
0.63	13.71	0.09	61.35	4 440	112
-5.16	11.14	-0.57	28.26	33 608	314
-3.42	9.68	-0.33	25.65	23 089	311
-4.86	11.15	-0.54	27.71	7 846	144
-15.30	10.88	-1.66	28.84	7 211	89
-14.79	12.80	-1.89	41.01	28 047	365

1-5 全国外资星级饭店

	固定资产原价（万元）	营业收入（万元）	利润（万元）	营业税金及附加（万元）
全国	**7 483 155.69**	**2 900 758.79**	**170 454.81**	**166 753.10**
北京	2 046 633.50	809 194.10	104 005.80	47 114.20
天津	21.40	1 277.30	-44.60	72.00
河北	134 241.20	21 940.38	-3 819.70	1 704.30
山西	9 230.10	4 407.60	-1 725.00	261.80
内蒙古	116 477.00	19 948.50	-3 403.90	1 080.80
辽宁	584 691.82	131 057.08	-12 411.93	8 195.56
吉林	81 972.90	18 766.50	10.70	983.80
黑龙江	61 729.00	23 283.40	3 810.10	1 268.00
上海	66 310.00	107 891.70	35 899.77	6 542.49
江苏	315 046.15	161 637.86	-11 826.94	8 826.55
浙江	745 986.30	262 259.25	20 381.27	14 782.68
安徽	89 198.22	23 536.23	635.45	1 349.12
福建	405 667.01	238 254.79	6 931.95	14 130.64
江西	32 670.64	22 640.49	-170.65	1 412.96
山东	316 506.51	109 402.24	-2 939.01	6 945.59
河南	47 040.00	29 329.00	-8 711.90	1 779.10
湖北	90 508.76	67 177.63	5 192.56	3 536.49
湖南	62 466.92	21 296.44	-1 761.64	1 162.53
广东	1 042 963.75	426 947.88	-2 308.76	24 168.76
广西	139 810.55	31 053.75	-8 859.44	1 715.22
海南	254 506.36	153 334.44	37 039.49	8 492.48
重庆	158 969.40	60 421.30	15 166.90	3 214.50
四川	201 271.21	43 345.96	-1 602.83	1 666.04
贵州	24 745.00	4 255.80	-767.30	239.50
云南	104 784.56	26 107.86	1 551.28	1 499.25
西藏	67 754.50	5 380.90	-1 003.40	308.60
陕西	238 723.16	63 778.52	2 581.57	3 565.98
甘肃	40 237.08	7 944.19	-847.91	444.46
青海	0.00	0.00	0.00	0.00
宁夏	2 943.80	326.60	-298.90	38.20
新疆	48.90	4 561.10	-248.20	251.50

主要经济指标（按地区分）

利润率 （%）	全员劳动生产率 （万元／人）	人均实现利润 （万元／人）	人均固定资产原价 （万元／人）	从业人员 （人）	企业数 （家）
5.88	**24.49**	**1.44**	**63.17**	**118 455**	**442**
12.85	41.29	5.31	104.42	19 600	45
−3.49	6.52	−0.23	0.11	196	1
−17.41	13.76	−2.39	84.16	1 595	9
−39.14	10.06	−3.94	21.07	438	2
−17.06	22.59	−3.85	131.91	883	2
−9.47	17.14	−1.62	76.47	7 646	39
0.06	22.45	0.01	98.05	836	2
16.36	26.92	4.40	71.36	865	3
33.27	55.30	18.40	33.99	1 951	4
−7.32	20.37	−1.49	39.69	7 937	34
7.77	26.56	2.06	75.55	9 874	32
2.70	14.72	0.40	55.78	1 599	9
2.91	19.33	0.56	32.91	12 325	48
−0.75	17.56	−0.13	25.35	1 289	11
−2.69	23.49	−0.63	67.96	4 657	23
−29.70	20.48	−6.08	32.85	1 432	3
7.73	22.93	1.77	30.89	2 930	16
−8.27	13.93	−1.15	40.85	1 529	9
−0.54	19.85	−0.11	48.49	21 508	81
−28.53	14.68	−4.19	66.07	2 116	8
24.16	27.47	6.64	45.59	5 582	14
25.10	22.96	5.76	60.40	2 632	6
−3.70	18.75	−0.69	87.06	2 312	8
−18.03	10.97	−1.98	63.78	388	3
5.94	15.16	0.90	60.85	1 722	14
−18.65	27.18	−5.07	342.19	198	1
4.05	19.51	0.79	73.03	3 269	11
−10.67	12.71	−1.36	64.38	625	2
0.00	0.00	0.00	0.00	0	0
−91.52	2.22	−2.03	20.03	147	1
−5.44	12.20	−0.66	0.13	374	1

1-6 全国旅游景区

	固定资产原价（万元）	营业收入（万元）	利润（万元）	营业税金及附加（万元）
全国	**13 478 272.30**	**5 510 398.68**	**346 101.22**	**196 588.47**
北京	688 926.23	180 749.79	2 209.82	7 101.50
天津	100 133.30	61 929.88	4 212.48	3 590.69
河北	892 466.97	101 443.88	–49 055.64	3 313.34
山西	422 929.53	61 715.24	–20 239.96	2 313.85
内蒙古	293 711.83	84 145.81	–8 597.69	2 814.95
辽宁	220 952.88	49 570.83	–6 099.12	1 689.18
吉林	117 606.23	36 970.25	135.89	1 250.09
黑龙江	93 725.30	26 843.56	–2 359.81	549.54
上海	1 006 056.51	373 468.78	40 368.24	11 395.84
江苏	1 222 456.61	443 338.77	5 001.88	12 046.35
浙江	1 025 002.10	434 950.06	11 785.28	16 150.74
安徽	287 831.51	139 793.32	16 244.02	6 708.77
福建	324 040.49	285 164.13	36 068.81	11 661.79
江西	126 565.28	128 202.19	5 953.36	2 599.65
山东	727 575.95	294 967.64	2 265.81	12 347.10
河南	603 996.45	255 992.35	19 840.78	8 746.06
湖北	741 511.82	247 676.61	28 073.12	10 126.35
湖南	543 395.19	286 685.37	44 124.81	8 382.75
广东	620 362.62	360 944.73	54 651.10	14 871.93
广西	268 452.79	280 796.89	6 736.15	4 896.26
海南	269 339.99	200 677.58	61 785.00	8 264.60
重庆	540 160.25	157 788.07	–4 341.64	5 719.69
四川	681 437.36	324 691.68	33 637.31	11 956.50
贵州	90 276.53	42 945.51	1 815.72	1 705.03
云南	564 161.13	240 807.63	26 292.24	8 153.60
西藏	—	—	—	—
陕西	505 068.31	245 982.28	21 558.32	11 635.02
甘肃	164 640.45	57 532.72	701.51	2 163.39
青海	14 303.29	1 092.55	–801.91	37.23
宁夏	229 501.32	77 486.64	15 509.45	3 140.74
新疆	91 684.06	26 043.92	–1 374.11	1 255.94

主要经济指标（按地区分）

利润率 （%）	全员劳动生产率 （万元/人）	人均实现利润 （万元/人）	人均固定资产原价 （万元/人）	从业人员 （人）	企业数 （家）
6.28	**23.64**	**1.48**	**57.82**	**233 125**	**2 052**
1.22	26.17	0.32	99.73	6 908	48
6.80	47.20	3.21	76.32	1 312	11
−48.36	12.65	−6.12	111.31	8 018	65
−32.80	8.98	−2.95	61.56	6 870	65
−10.22	11.35	−1.16	39.61	7 416	104
−12.30	22.15	−2.73	98.73	2 238	21
0.37	14.57	0.05	46.34	2 538	44
−8.79	13.83	−1.22	48.29	1 941	21
10.81	41.39	4.47	111.50	9 023	80
1.13	32.01	0.36	88.25	13 852	137
2.71	23.94	0.65	56.41	18 172	187
11.62	36.76	4.27	75.69	3 803	48
12.65	30.06	3.80	34.15	9 488	80
4.64	31.88	1.48	31.48	4 021	35
0.77	24.56	0.19	60.58	12 010	120
7.75	18.98	1.47	44.78	13 487	107
11.33	18.26	2.07	54.68	13 562	138
15.39	19.95	3.07	37.81	14 372	81
15.14	22.69	3.43	38.99	15 911	112
2.40	35.75	0.86	34.18	7 854	74
30.79	25.21	7.76	33.84	7 960	29
−2.75	17.88	−0.49	61.19	8 827	61
10.36	34.22	3.55	71.82	9 488	76
4.23	12.47	0.53	26.22	3 443	32
10.92	20.67	2.26	48.43	11 650	69
—	—	—	—	—	—
8.76	22.83	2.00	46.88	10 774	91
1.22	20.14	0.25	57.65	2 856	35
−73.40	4.27	−3.13	55.87	256	8
20.02	21.92	4.39	64.92	3 535	24
−5.28	16.91	−0.89	59.54	1 540	49

二、分地区旅游企业资料

2-1 北京市旅游

	固定资产原价（万元）	营业收入（万元）	利润（万元）	营业税金及附加（万元）
合计	**8 853 317.60**	**10 349 254.09**	**303 441.71**	**180 573.37**
（一）旅行社	1 199 938.07	7 560 159.80	290 362.49	27 612.27
（二）星级饭店	6 964 453.30	2 608 344.50	10 869.40	145 859.60
内资饭店	4 917 819.80	1 799 150.40	–93 136.40	98 745.40
外资饭店	2 046 633.50	809 194.10	104 005.80	47 114.20
（三）旅游景区	688 926.23	180 749.79	2 209.82	7 101.50

2-2 天津市旅游

	固定资产原价（万元）	营业收入（万元）	利润（万元）	营业税金及附加（万元）
合计	**664 566.72**	**896 868.33**	**3 475.28**	**19 701.28**
（一）旅行社	167 685.00	573 594.38	16 251.11	1 516.34
（二）星级饭店	396 748.42	261 344.07	–16 988.31	14 594.25
内资饭店	396 727.02	260 066.77	–16 943.71	14 522.25
外资饭店	21.40	1 277.30	–44.60	72.00
（三）旅游景区	100 133.30	61 929.88	4 212.48	3 590.69

企业主要经济指标

利润率 （%）	全员劳动生产率 （万元／人）	人均实现利润 （万元／人）	人均固定资产原价 （万元／人）	从业人员 （人）	企业数 （家）
2.93	**73.46**	**2.15**	**62.84**	**140 892**	**1 873**
0.04	228.83	8.79	36.32	33 039	1 302
0.42	25.84	0.11	68.99	100 945	523
–5.18	22.12	–1.14	60.46	81 345	478
12.85	41.29	5.31	104.42	19 600	45
1.22	26.17	0.32	99.73	6 908	48

企业主要经济指标

利润率 （%）	全员劳动生产率 （万元／人）	人均实现利润 （万元／人）	人均固定资产原价 （万元／人）	从业人员 （人）	企业数 （家）
0.39	**40.20**	**0.16**	**29.79**	**22 311**	**481**
0.03	134.71	3.82	39.38	4 258	377
–6.50	15.61	–1.01	23.70	16 741	93
–6.52	15.72	–1.02	23.98	16 545	92
–3.49	6.52	–0.23	0.11	196	1
6.80	47.20	3.21	76.32	1 312	11

2-3 河北省旅游

	固定资产原价（万元）	营业收入（万元）	利润（万元）	营业税金及附加（万元）
合计	**2 898 690.00**	**1 082 493.91**	**–132 843.58**	**37 059.02**
（一）旅行社	176 287.51	423 115.09	30 494.08	2 167.41
（二）星级饭店	1 829 935.52	557 934.94	–114 282.02	31 578.27
内资饭店	1 695 694.32	535 994.56	–110 462.32	29 873.97
外资饭店	134 241.20	21 940.38	–3 819.70	1 704.30
（三）旅游景区	892 466.97	101 443.88	–49 055.64	3 313.34

2-4 山西省旅游

	固定资产原价（万元）	营业收入（万元）	利润（万元）	营业税金及附加（万元）
合计	**2 355 622.06**	**988 133.77**	**–116 996.48**	**35 226.46**
（一）旅行社	102 757.01	368 483.59	17 525.50	1 334.34
（二）星级饭店	1 829 935.52	557 934.94	–114 282.02	31 578.27
内资饭店	916 301.44	332 931.03	–49 349.78	16 815.31
外资饭店	9 230.10	4 407.60	–1 725.00	261.80
（三）旅游景区	422 929.53	61 715.24	–20 239.96	2 313.85

企业主要经济指标

利润率 (%)	全员劳动 生产率 (万元/人)	人均实现 利润 (万元/人)	人均固定 资产原价 (万元/人)	从业人员 (人)	企业数 (家)
-12.27	**15.88**	**-1.95**	**42.52**	**68 180**	**1 799**
0.07	44.76	3.23	18.65	9 452	1 343
-20.48	11.00	-2.25	36.09	50 710	391
-20.61	10.91	-2.25	34.52	49 115	382
-17.41	13.76	-2.39	84.16	1 595	9
-48.36	12.65	-6.12	111.31	8 018	65

企业主要经济指标

利润率 (%)	全员劳动 生产率 (万元/人)	人均实现 利润 (万元/人)	人均固定 资产原价 (万元/人)	从业人员 (人)	企业数 (家)
-11.84	**15.16**	**-1.80**	**36.15**	**65 169**	**1 227**
0.05	48.55	2.31	13.54	7 589	771
-20.48	11.00	-2.25	36.09	50 710	391
-14.82	10.19	-1.51	28.06	32 658	249
-39.14	10.06	-3.94	21.07	438	2
-32.80	8.98	-2.95	61.56	6 870	65

2-5 内蒙古自治区旅游

	固定资产原价（万元）	营业收入（万元）	利润（万元）	营业税金及附加（万元）
合计	**1 264 720.33**	**512 345.47**	**–28 518.50**	**17 708.76**
（一）旅行社	89 232.79	163 589.98	13 621.19	1 514.13
（二）星级饭店	881 775.71	264 609.68	–33 542.00	13 379.68
内资饭店	765 298.71	244 661.18	–30 138.10	12 298.88
外资饭店	116 477.00	19 948.50	–3 403.90	1 080.80
（三）旅游景区	293 711.83	84 145.81	–8 597.69	2 814.95

2-6 辽宁省旅游

	固定资产原价（万元）	营业收入（万元）	利润（万元）	营业税金及附加（万元）
合计	**2 206 930.48**	**1 537 457.46**	**–50 178.26**	**37 854.76**
（一）旅行社	138 971.89	891 053.32	44 992.10	3 306.48
（二）星级饭店	1 847 005.71	596 833.31	–89 071.24	32 859.10
内资饭店	1 262 313.89	465 776.23	–76 659.31	24 663.54
外资饭店	584 691.82	131 057.08	–12 411.93	8 195.56
（三）旅游景区	220 952.88	49 570.83	–6 099.12	1 689.18

企业主要经济指标

利润率 （%）	全员劳动 生产率 （万元/人）	人均实现 利润 （万元/人）	人均固定 资产原价 （万元/人）	从业人员 （人）	企业数 （家）
–5.57	**14.33**	**–0.80**	**35.37**	**35 753**	**1 263**
0.08	31.81	2.65	17.35	5 142	887
–12.68	11.41	–1.45	38.02	23 195	272
–12.32	10.97	–1.35	34.30	22 312	270
–17.06	22.59	–3.85	131.91	883	2
–10.22	11.35	–1.16	39.61	7 416	104

企业主要经济指标

利润率 （%）	全员劳动 生产率 （万元/人）	人均实现 利润 （万元/人）	人均固定 资产原价 （万元/人）	从业人员 （人）	企业数 （家）
–3.26	**29.15**	**–0.95**	**41.85**	**52 735**	**1 636**
0.05	107.43	5.42	16.76	8 294	1 210
–14.92	14.14	–2.11	43.76	42 203	405
–16.46	13.48	–2.22	36.53	34 557	366
–9.47	17.14	–1.62	76.47	7 646	39
–12.30	22.15	–2.73	98.73	2 238	21

2-7　吉林省旅游

	固定资产原　价（万元）	营业收入（万元）	利　润（万元）	营业税金及附加（万元）
合　计	**785 663.57**	**359 457.68**	**–25 226.78**	**12 113.98**
（一）旅行社	35 820.88	139 402.43	5 261.25	615.84
（二）星级饭店	632 236.46	183 085.00	–30 623.92	10 248.05
内资饭店	550 263.56	164 318.50	–30 634.62	9 264.25
外资饭店	81 972.90	18 766.50	10.70	983.80
（三）旅游景区	117 606.23	36 970.25	135.89	1 250.09

2-8　黑龙江省旅游

	固定资产原　价（万元）	营业收入（万元）	利　润（万元）	营业税金及附加（万元）
合　计	**744 020.92**	**496 090.83**	**10 055.67**	**18 759.67**
（一）旅行社	66 784.94	281 096.91	20 713.21	2 149.37
（二）星级饭店	583 510.68	188 150.36	–8 297.73	16 060.76
内资饭店	521 781.68	164 866.96	–12 107.83	14 792.76
外资饭店	61 729.00	23 283.40	3 810.10	1 268.00
（三）旅游景区	93 725.30	26 843.56	–2 359.81	549.54

企业主要经济指标

利润率 （%）	全员劳动 生 产 率 （万元／人）	人均实现 利　　润 （万元／人）	人均固定 资产原价 （万元／人）	从业人员 （人）	企业数 （家）
–7.02	**16.13**	**–1.13**	**35.26**	**22 280**	**813**
0.04	35.53	1.34	9.13	3 923	582
–16.73	11.57	–1.94	39.97	15 819	187
–18.64	10.97	–2.04	36.73	14 983	185
0.06	22.45	0.01	98.05	836	2
0.37	14.57	0.05	46.34	2 538	44

企业主要经济指标

利润率 （%）	全员劳动 生 产 率 （万元／人）	人均实现 利　　润 （万元／人）	人均固定 资产原价 （万元／人）	从业人员 （人）	企业数 （家）
2.03	**22.93**	**0.46**	**34.39**	**21 635**	**887**
0.07	58.42	4.30	13.88	4 812	663
–4.41	12.64	–0.56	39.21	14 882	203
–7.34	11.76	–0.86	37.22	14 017	200
16.36	26.92	4.40	71.36	865	3
–8.79	13.83	–1.22	48.29	1 941	21

2-9 上海市旅游

	固定资产原价（万元）	营业收入（万元）	利润（万元）	营业税金及附加（万元）
合计	**4 918 147.33**	**8 208 654.52**	**442 659.87**	**152 010.67**
（一）旅行社	384 376.61	5 943 149.13	214 769.65	18 984.52
（二）星级饭店	3 527 714.21	1 892 036.61	187 521.98	121 630.31
内资饭店	3 461 404.21	1 784 144.91	151 622.21	115 087.82
外资饭店	66 310.00	107 891.70	35 899.77	6 542.49
（三）旅游景区	1 006 056.51	373 468.78	40 368.24	11 395.84

2-10 江苏省旅游

	固定资产原价（万元）	营业收入（万元）	利润（万元）	营业税金及附加（万元）
合计	**5 137 462.05**	**4 621 195.66**	**12 225.28**	**112 371.31**
（一）旅行社	776 590.42	2 539 557.96	90 463.07	11 267.34
（二）星级饭店	3 138 415.02	1 638 298.93	-83 239.67	89 057.62
内资饭店	2 823 368.87	1 476 661.07	-71 412.73	80 231.07
外资饭店	315 046.15	161 637.86	-11 826.94	8 826.55
（三）旅游景区	1 222 456.61	443 338.77	5 001.88	12 046.35

企业主要经济指标

利润率（%）	全员劳动生产率（万元／人）	人均实现利润（万元／人）	人均固定资产原价（万元／人）	从业人员（人）	企业数（家）
5.39	**94.15**	**5.08**	**56.41**	**87 190**	**1 505**
0.04	263.80	9.53	17.06	22 529	1 185
9.91	34.01	3.37	63.40	55 638	240
8.50	33.23	2.82	64.47	53 687	236
33.27	55.30	18.40	33.99	1 951	4
10.81	41.39	4.47	111.50	9 023	80

企业主要经济指标

利润率（%）	全员劳动生产率（万元／人）	人均实现利润（万元／人）	人均固定资产原价（万元／人）	从业人员（人）	企业数（家）
0.26	**36.89**	**0.10**	**41.01**	**125 276**	**2 886**
0.04	119.97	4.27	36.69	21 168	2 099
–5.08	18.15	–0.92	34.77	90 256	650
–4.84	17.94	–0.87	34.30	82 319	616
–7.32	20.37	–1.49	39.69	7 937	34
1.13	32.01	0.36	88.25	13 852	137

2-11 浙江省旅游

	固定资产原价（万元）	营业收入（万元）	利润（万元）	营业税金及附加（万元）
合计	**5 946 154.98**	**5 204 185.25**	**62 753.02**	**143 424.72**
（一）旅行社	575 983.93	2 566 711.21	132 913.83	12 470.81
（二）星级饭店	4 345 168.95	2 202 523.98	–81 946.09	114 803.17
内资饭店	3 599 182.65	1 940 264.73	–102 327.36	100 020.48
外资饭店	745 986.30	262 259.25	20 381.27	14 782.68
（三）旅游景区	1 025 002.10	434 950.06	11 785.28	16 150.74

2-12 安徽省旅游

	固定资产原价（万元）	营业收入（万元）	利润（万元）	营业税金及附加（万元）
合计	**1 661 612.11**	**1 157 382.12**	**13 421.53**	**38 443.47**
（一）旅行社	184 517.02	503 444.81	28 237.96	2 985.49
（二）星级饭店	1 189 263.58	514 143.99	–31 060.45	28 749.21
内资饭店	1 100 065.36	490 607.76	–31 695.91	27 400.09
外资饭店	89 198.22	23 536.23	635.45	1 349.12
（三）旅游景区	287 831.51	139 793.32	16 244.02	6 708.77

企业主要经济指标

利润率 （%）	全员劳动 生 产 率 （万元／人）	人均实现 利 润 （万元／人）	人均固定 资产原价 （万元／人）	从业人员 （人）	企业数 （家）
1.21	**33.96**	**0.41**	**38.80**	**153 232**	**3 015**
0.05	92.97	4.81	20.86	27 607	2 036
−3.72	20.50	−0.76	40.44	107 453	792
−5.27	19.88	−1.05	36.88	97 579	760
7.77	26.56	2.06	75.55	9 874	32
2.71	23.94	0.65	56.41	18 172	187

企业主要经济指标

利润率 （%）	全员劳动 生 产 率 （万元／人）	人均实现 利 润 （万元／人）	人均固定 资产原价 （万元／人）	从业人员 （人）	企业数 （家）
1.16	**22.34**	**0.26**	**32.07**	**51 813**	**1 461**
0.06	52.96	2.97	19.41	9 507	1 046
−6.04	13.35	−0.81	30.89	38 503	367
−6.46	13.29	−0.86	29.81	36 904	358
2.70	14.72	0.40	55.78	1 599	9
11.62	36.76	4.27	75.69	3 803	48

2-13 福建省旅游

	固定资产原价（万元）	营业收入（万元）	利润（万元）	营业税金及附加（万元）
合计	**2 272 380.60**	**2 770 516.50**	**103 816.12**	**71 787.09**
（一）旅行社	435 631.62	1 579 607.80	69 166.22	6 825.92
（二）星级饭店	1 512 708.49	905 744.57	−1 418.91	53 299.38
内资饭店	1 107 041.48	667 489.78	−8 350.86	39 168.74
外资饭店	405 667.01	238 254.79	6 931.95	14 130.64
（三）旅游景区	324 040.49	285 164.13	36 068.81	11 661.79

2-14 江西省旅游

	固定资产原价（万元）	营业收入（万元）	利润（万元）	营业税金及附加（万元）
合计	**1 010 560.75**	**890 038.28**	**15 214.87**	**20 610.91**
（一）旅行社	147 358.26	426 875.21	11 063.82	1 887.68
（二）星级饭店	736 637.21	334 960.88	−1 802.31	16 123.58
内资饭店	703 966.57	312 320.39	−1 631.66	14 710.62
外资饭店	32 670.64	22 640.49	−170.65	1 412.96
（三）旅游景区	126 565.28	128 202.19	5 953.36	2 599.65

企业主要经济指标

利润率 （%）	全员劳动 生产率 （万元／人）	人均实现 利润 （万元／人）	人均固定 资产原价 （万元／人）	从业人员 （人）	企业数 （家）
3.75	**32.36**	**1.21**	**26.54**	**85 612**	**1 259**
0.04	106.80	4.68	29.45	14 791	805
−0.16	14.77	−0.02	24.66	61 333	374
−1.25	13.62	−0.17	22.59	49 008	326
2.91	19.33	0.56	32.91	12 325	48
12.65	30.06	3.80	34.15	9 488	80

企业主要经济指标

利润率 （%）	全员劳动 生产率 （万元／人）	人均实现 利润 （万元／人）	人均固定 资产原价 （万元／人）	从业人员 （人）	企业数 （家）
1.71	**21.60**	**0.37**	**24.52**	**41 213**	**1 108**
0.03	68.46	1.77	23.63	6 235	751
−0.54	10.82	−0.06	23.80	30 957	322
−0.52	10.53	−0.05	23.73	29 668	311
−0.75	17.56	−0.13	25.35	1 289	11
4.64	31.88	1.48	31.48	4 021	35

2-15　山东省旅游

	固定资产原价（万元）	营业收入（万元）	利润（万元）	营业税金及附加（万元）
合计	**4 367 272.56**	**2 984 284.72**	**36 983.31**	**90 590.74**
（一）旅行社	583 425.49	1 447 771.87	96 363.64	7 637.44
（二）星级饭店	3 056 271.12	1 241 545.21	–61 646.14	70 606.20
内资饭店	2 739 764.61	1 132 142.97	–58 707.13	63 660.61
外资饭店	316 506.51	109 402.24	–2 939.01	6 945.59
（三）旅游景区	727 575.95	294 967.64	2 265.81	12 347.10

2-16　河南省旅游

	固定资产原价（万元）	营业收入（万元）	利润（万元）	营业税金及附加（万元）
合计	**1 498 870.88**	**911 636.89**	**4 883.07**	**29 715.01**
（一）旅行社	124 947.59	305 086.38	17 423.75	1 587.30
（二）星级饭店	769 926.84	350 558.16	–32 381.46	19 381.65
内资饭店	722 886.84	321 229.16	–23 669.56	17 602.55
外资饭店	47 040.00	29 329.00	–8 711.90	1 779.10
（三）旅游景区	603 996.45	255 992.35	19 840.78	8 746.06

企业主要经济指标

利润率（%）	全员劳动生产率（万元／人）	人均实现利润（万元／人）	人均固定资产原价（万元／人）	从业人员（人）	企业数（家）
1.24	**20.44**	**0.25**	**29.91**	**145 992**	**2 898**
0.07	74.99	4.99	30.22	19 306	2 054
–4.97	10.83	–0.54	26.65	114 676	724
–5.19	10.29	–0.53	24.90	110 019	701
–2.69	23.49	–0.63	67.96	4 657	23
0.77	24.56	0.19	60.58	12 010	120

企业主要经济指标

利润率（%）	全员劳动生产率（万元／人）	人均实现利润（万元／人）	人均固定资产原价（万元／人）	从业人员（人）	企业数（家）
0.54	**17.47**	**0.09**	**28.72**	**52 196**	**1 510**
0.06	43.75	2.50	17.92	6 973	1 100
–9.24	11.05	–1.02	24.26	31 736	303
–7.37	10.60	–0.78	23.85	30 304	300
–29.70	20.48	–6.08	32.85	1 432	3
7.75	18.98	1.47	44.78	13 487	107

2-17 湖北省旅游

	固定资产原价（万元）	营业收入（万元）	利润（万元）	营业税金及附加（万元）
合计	**2 407 184.57**	**1 881 710.31**	**71 832.91**	**44 020.64**
（一）旅行社	497 748.45	1 136 549.01	60 742.11	5 607.73
（二）星级饭店	1 167 924.30	497 484.69	–16 982.32	28 286.56
内资饭店	1 077 415.54	430 307.05	–22 174.88	24 750.07
外资饭店	90 508.76	67 177.63	5 192.56	3 536.49
（三）旅游景区	741 511.82	247 676.61	28 073.12	10 126.35

2-18 湖南省旅游

	固定资产原价（万元）	营业收入（万元）	利润（万元）	营业税金及附加（万元）
合计	**2 018 538.47**	**2 392 361.74**	**91 319.22**	**41 838.43**
（一）旅行社	90 991.69	1 342 945.87	56 220.46	4 953.49
（二）星级饭店	1 384 151.59	762 730.50	–9 026.05	28 502.19
内资饭店	1 321 684.67	741 434.06	–7 264.41	27 339.65
外资饭店	62 466.92	21 296.44	–1 761.64	1 162.53
（三）旅游景区	543 395.19	286 685.37	44 124.81	8 382.75

企业主要经济指标

利润率 （%）	全员劳动 生 产 率 （万元／人）	人均实现 利　　润 （万元／人）	人均固定 资产原价 （万元／人）	从业人员 （人）	企业数 （家）
3.82	**27.72**	**1.06**	**35.46**	**67 878**	**1 604**
0.05	68.59	3.67	30.04	16 571	1 050
−3.41	13.18	−0.45	30.94	37 745	416
−5.15	12.36	−0.64	30.95	34 815	400
7.73	22.93	1.77	30.89	2 930	16
11.33	18.26	2.07	54.68	13 562	138

企业主要经济指标

利润率 （%）	全员劳动 生 产 率 （万元／人）	人均实现 利　　润 （万元／人）	人均固定 资产原价 （万元／人）	从业人员 （人）	企业数 （家）
3.82	**31.58**	**1.21**	**26.65**	**75 749**	**1 252**
0.04	115.61	4.84	7.83	11 616	751
−1.18	15.33	−0.18	27.82	49 761	420
−0.98	15.37	−0.15	27.40	48 232	411
−8.27	13.93	−1.15	40.85	1 529	9
15.39	19.95	3.07	37.81	14 372	81

2-19 广东省旅游

	固定资产原价（万元）	营业收入（万元）	利润（万元）	营业税金及附加（万元）
合计	**5 911 862.59**	**9 059 146.51**	**361 862.68**	**173 341.51**
（一）旅行社	808 303.51	6 389 333.63	303 065.94	29 699.36
（二）星级饭店	4 483 196.46	2 308 868.15	4 145.64	128 770.22
内资饭店	3 440 232.71	1 881 920.28	6 454.40	104 601.46
外资饭店	1 042 963.75	426 947.88	–2 308.76	24 168.76
（三）旅游景区	620 362.62	360 944.73	54 651.10	14 871.93

2-20 广西壮族自治区旅游

	固定资产原价（万元）	营业收入（万元）	利润（万元）	营业税金及附加（万元）
合计	**1 343 687.96**	**1 249 148.78**	**–3 374.69**	**28 059.12**
（一）旅行社	70 427.90	584 332.31	19 533.71	2 721.30
（二）星级饭店	1 004 807.27	384 019.58	–29 644.55	20 441.56
内资饭店	864 996.72	352 965.84	–20 785.10	18 726.34
外资饭店	139 810.55	31 053.75	–8 859.44	1 715.22
（三）旅游景区	268 452.79	280 796.89	6 736.15	4 896.26

企业主要经济指标

利润率 （%）	全员劳动生产率 （万元／人）	人均实现利润 （万元／人）	人均固定资产原价 （万元／人）	从业人员 （人）	企业数 （家）
3.99	**45.02**	**1.80**	**29.38**	**201 247**	**2 736**
0.05	142.73	6.77	18.06	44 766	1 792
0.18	16.43	0.03	31.89	140 570	832
0.34	15.81	0.05	28.89	119 062	751
–0.54	19.85	–0.11	48.49	21 508	81
15.14	22.69	3.43	38.99	15 911	112

企业主要经济指标

利润率 （%）	全员劳动生产率 （万元／人）	人均实现利润 （万元／人）	人均固定资产原价 （万元／人）	从业人员 （人）	企业数 （家）
–0.27	**25.43**	**–0.07**	**27.36**	**49 120**	**1 012**
0.03	79.91	2.67	9.63	7 312	537
–7.72	11.31	–0.87	29.59	33 954	401
–5.89	11.09	–0.65	27.17	31 838	393
–28.53	14.68	–4.19	66.07	2 116	8
2.40	35.75	0.86	34.18	7 854	74

2-21 海南省旅游

	固定资产原价（万元）	营业收入（万元）	利润（万元）	营业税金及附加（万元）
合计	**1 346 302.87**	**1 155 006.05**	**115 773.35**	**32 511.81**
（一）旅行社	48 323.53	532 163.89	16 363.07	1 578.84
（二）星级饭店	1 028 639.35	422 164.58	37 625.28	22 668.37
内资饭店	774 132.99	268 830.14	585.79	14 175.89
外资饭店	254 506.36	153 334.44	37 039.49	8 492.48
（三）旅游景区	269 339.99	200 677.58	61 785.00	8 264.60

2-22 重庆市旅游

	固定资产原价（万元）	营业收入（万元）	利润（万元）	营业税金及附加（万元）
合计	**1 690 293.06**	**1 874 805.86**	**10 567.22**	**33 952.12**
（一）旅行社	230 124.18	1 267 550.05	41 212.13	3 229.98
（二）星级饭店	920 008.63	449 467.74	–26 303.27	25 002.45
内资饭店	761 039.23	389 046.44	–41 470.17	21 787.95
外资饭店	158 969.40	60 421.30	15 166.90	3 214.50
（三）旅游景区	540 160.25	157 788.07	–4 341.64	5 719.69

企业主要经济指标

利润率 （%）	全员劳动 生 产 率 （万元／人）	人均实现 利 润 （万元／人）	人均固定 资产原价 （万元／人）	从业人员 （人）	企业数 （家）
10.02	**34.10**	**3.42**	**39.75**	**33 867**	**514**
0.03	103.21	3.17	9.37	5 156	352
8.91	20.34	1.81	49.57	20 751	133
0.22	17.72	0.04	51.03	15 169	119
24.16	27.47	6.64	45.59	5 582	14
30.79	25.21	7.76	33.84	7 960	29

企业主要经济指标

利润率 （%）	全员劳动 生 产 率 （万元／人）	人均实现 利 润 （万元／人）	人均固定 资产原价 （万元／人）	从业人员 （人）	企业数 （家）
0.56	**40.14**	**0.23**	**36.19**	**46 711**	**801**
0.03	155.89	5.07	28.30	8 131	504
–5.85	15.11	–0.88	30.92	29 753	236
–10.66	14.34	–1.53	28.06	27 121	230
25.10	22.96	5.76	60.40	2 632	6
–2.75	17.88	–0.49	61.19	8 827	61

2-23 四川省旅游

	固定资产原价（万元）	营业收入（万元）	利润（万元）	营业税金及附加（万元）
合计	**2 727 014.85**	**1 571 396.55**	**36 428.34**	**51 699.50**
（一）旅行社	220 341.71	578 122.95	13 635.96	4 198.54
（二）星级饭店	1 825 235.78	668 581.92	−10 844.93	35 544.46
内资饭店	1 623 964.57	625 235.96	−9 242.10	33 878.42
外资饭店	201 271.21	43 345.96	−1 602.83	1 666.04
（三）旅游景区	681 437.36	324 691.68	33 637.31	11 956.50

2-24 贵州省旅游

	固定资产原价（万元）	营业收入（万元）	利润（万元）	营业税金及附加（万元）
合计	**638 760.96**	**490 154.37**	**4 795.31**	**15 481.06**
（一）旅行社	21 907.08	206 054.49	8 555.95	814.99
（二）星级饭店	526 577.35	241 154.37	−5 576.36	12 961.04
内资饭店	501 832.35	236 898.57	−4 809.06	12 721.54
外资饭店	24 745.00	4 255.80	−767.30	239.50
（三）旅游景区	90 276.53	42 945.51	1 815.72	1 705.03

企业主要经济指标

利润率 （%）	全员劳动生产率 （万元／人）	人均实现利润 （万元／人）	人均固定资产原价 （万元／人）	从业人员 （人）	企业数 （家）
2.32	**24.42**	**0.57**	**42.38**	**64 342**	**921**
0.02	86.33	2.04	32.90	6 697	457
−1.62	13.88	−0.23	37.90	48 157	388
−1.48	13.64	−0.20	35.42	45 845	380
−3.70	18.75	−0.69	87.06	2 312	8
10.36	34.22	3.55	71.82	9 488	76

企业主要经济指标

利润率 （%）	全员劳动生产率 （万元／人）	人均实现利润 （万元／人）	人均固定资产原价 （万元／人）	从业人员 （人）	企业数 （家）
0.98	**17.05**	**0.17**	**22.21**	**28 754**	**613**
0.04	40.35	1.68	4.29	5 107	299
−2.31	11.94	−0.28	26.06	20 204	282
−2.03	11.95	−0.24	25.32	19 816	279
−18.03	10.97	−1.98	63.78	388	3
4.23	12.47	0.53	26.22	3 443	32

2-25 云南省旅游

	固定资产原价（万元）	营业收入（万元）	利润（万元）	营业税金及附加（万元）
合计	**2 468 929.87**	**2 261 633.55**	**70 422.23**	**44 042.23**
（一）旅行社	227 645.93	1 583 861.98	44 849.62	5 188.20
（二）星级饭店	1 677 122.81	436 963.94	–719.63	30 700.43
内资饭店	1 572 338.25	410 856.08	–2 270.91	29 201.18
外资饭店	104 784.56	26 107.86	1 551.28	1 499.25
（三）旅游景区	564 161.13	240 807.63	26 292.24	8 153.60

2-26 西藏自治区旅游

	固定资产原价（万元）	营业收入（万元）	利润（万元）	营业税金及附加（万元）
合计	**348 986.41**	**95 109.16**	**458.83**	**7 580.19**
（一）旅行社	8 826.61	28 872.33	1 076.80	149.38
（二）星级饭店	340 159.80	66 236.83	–617.97	7 430.81
内资饭店	272 405.30	60 855.93	385.43	7 122.21
外资饭店	67 754.50	5 380.90	–1 003.40	308.60
（三）旅游景区	—	—	—	—

企业主要经济指标

利润率 （%）	全员劳动 生 产 率 （万元／人）	人均实现 利　润 （万元／人）	人均固定 资产原价 （万元／人）	从业人员 （人）	企业数 （家）
3.11	**32.94**	**1.03**	**35.96**	**68 658**	**1 397**
0.03	121.55	3.44	17.47	13 031	704
−0.16	9.94	−0.02	38.14	43 977	624
−0.55	9.72	−0.05	37.21	42 255	610
5.94	15.16	0.90	60.85	1 722	14
10.92	20.67	2.26	48.43	11 650	69

企业主要经济指标

利润率 （%）	全员劳动 生 产 率 （万元／人）	人均实现 利　润 （万元／人）	人均固定 资产原价 （万元／人）	从业人员 （人）	企业数 （家）
0.48	**17.77**	**0.09**	**65.22**	**5 351**	**215**
0.04	40.49	1.51	12.38	713	102
−0.93	14.28	−0.13	73.34	4 638	113
0.63	13.71	0.09	61.35	4 440	112
−18.65	27.18	−5.07	342.19	198	1
—	—	—	—	—	—

2-27 陕西省旅游

	固定资产原价（万元）	营业收入（万元）	利润（万元）	营业税金及附加（万元）
合计	**1 756 800.49**	**1 137 130.27**	**20 587.18**	**37 870.73**
（一）旅行社	63 218.59	453 118.89	15 768.31	1 758.18
（二）星级饭店	1 188 513.59	438 029.10	−16 739.45	24 477.53
内资饭店	949 790.42	374 250.57	−19 321.02	20 911.54
外资饭店	238 723.16	63 778.52	2 581.57	3 565.98
（三）旅游景区	505 068.31	245 982.28	21 558.32	11 635.02

2-28 甘肃省旅游

	固定资产原价（万元）	营业收入（万元）	利润（万元）	营业税金及附加（万元）
合计	**850 066.84**	**400 463.04**	**−2 143.56**	**14 976.97**
（一）旅行社	52 984.22	111 555.44	5 642.78	664.26
（二）星级饭店	632 442.17	231 374.88	−8 487.85	12 149.32
内资饭店	592 205.09	223 430.69	−7 639.94	11 704.86
外资饭店	40 237.08	7 944.19	−847.91	444.46
（三）旅游景区	164 640.45	57 532.72	701.51	2 163.39

企业主要经济指标

利润率 （%）	全员劳动生产率 （万元／人）	人均实现利润 （万元／人）	人均固定资产原价 （万元／人）	从业人员 （人）	企业数 （家）
1.81	**20.54**	**0.37**	**31.74**	**55 352**	**1 103**
0.03	58.84	2.05	8.21	7 701	687
–3.82	11.88	–0.45	32.23	36 877	325
–5.16	11.14	–0.57	28.26	33 608	314
4.05	19.51	0.79	73.03	3 269	11
8.76	22.83	2.00	46.88	10 774	91

企业主要经济指标

利润率 （%）	全员劳动生产率 （万元／人）	人均实现利润 （万元／人）	人均固定资产原价 （万元／人）	从业人员 （人）	企业数 （家）
–0.54	**13.65**	**–0.07**	**28.97**	**29 341**	**771**
0.05	40.26	2.04	19.12	2 771	423
–3.67	9.76	–0.36	26.67	23 714	313
–3.42	9.68	–0.33	25.65	23 089	311
–10.67	12.71	–1.36	64.38	625	2
1.22	20.14	0.25	57.65	2 856	35

2-29 青海省旅游

	固定资产原价（万元）	营业收入（万元）	利润（万元）	营业税金及附加（万元）
合计	**266 087.60**	**157 743.38**	**212.04**	**4 934.70**
（一）旅行社	34 377.56	69 138.41	5 267.27	326.96
（二）星级饭店	217 406.75	87 512.42	–4 253.32	4 570.51
内资饭店	217 406.75	87 512.42	–4 253.32	4 570.51
外资饭店	—	—	—	—
（三）旅游景区	14 303.29	1 092.55	–801.91	37.23

2-30 宁夏回族自治区旅游

	固定资产原价（万元）	营业收入（万元）	利润（万元）	营业税金及附加（万元）
合计	**454 521.10**	**251 980.40**	**5 739.12**	**7 607.27**
（一）旅行社	14 110.69	95 675.85	2 534.63	253.26
（二）星级饭店	210 909.09	78 817.91	–12 304.96	4 213.27
内资饭店	207 965.29	78 491.31	–12 006.06	4 175.07
外资饭店	2 943.80	326.60	–298.90	38.20
（三）旅游景区	229 501.32	77 486.64	15 509.45	3 140.74

企业主要经济指标

利润率 （%）	全员劳动 生产率 （万元／人）	人均实现 利润 （万元／人）	人均固定 资产原价 （万元／人）	从业人员 （人）	企业数 （家）
0.13	**15.92**	**0.02**	**26.85**	**9 910**	**389**
0.08	38.24	2.91	19.01	1 808	237
–4.86	11.15	–0.54	27.71	7 846	144
–4.86	11.15	–0.54	27.71	7 846	144
—	—	—	—	—	—
–73.40	4.27	–3.13	55.87	256	8

企业主要经济指标

利润率 （%）	全员劳动 生产率 （万元／人）	人均实现 利润 （万元／人）	人均固定 资产原价 （万元／人）	从业人员 （人）	企业数 （家）
2.28	**20.38**	**0.46**	**36.75**	**12 367**	**228**
0.03	64.91	1.72	9.57	1 474	114
–15.61	10.71	–1.67	28.66	7 358	90
–15.30	10.88	–1.66	28.84	7 211	89
–91.52	2.22	–2.03	20.03	147	1
20.02	21.92	4.39	64.92	3 535	24

2-31 新疆维吾尔自治区旅游

	固定资产原价（万元）	营业收入（万元）	利润（万元）	营业税金及附加（万元）
合计	**1 309 085.55**	**593 565.24**	**–45 588.97**	**74 171.15**
（一）旅行社	67 026.42	203 900.65	9 140.42	1 017.52
（二）星级饭店	1 150 375.07	363 620.67	–53 355.28	71 897.69
内资饭店	1 150 326.17	359 059.57	–53 107.08	71 646.19
外资饭店	48.90	4 561.10	–248.20	251.50
（三）旅游景区	91 684.06	26 043.92	–1 374.11	1 255.94

企业主要经济指标

利润率 （%）	全员劳动生产率 （万元／人）	人均实现利润 （万元／人）	人均固定资产原价 （万元／人）	从业人员 （人）	企业数 （家）
−7.68	**17.56**	**−1.35**	**38.74**	**33 794**	**845**
0.04	53.20	2.38	17.49	3 833	430
−14.67	12.79	−1.88	40.48	28 421	366
−14.79	12.80	−1.89	41.01	28 047	365
−5.44	12.20	−0.66	0.13	374	1
−5.28	16.91	−0.89	59.54	1 540	49

三、主要城市综合资料

3-1 主要城市旅游

	固定资产原价（万元）	营业收入（万元）	利润（万元）	营业税金及附加（万元）
合计	**16 761 206.80**	**21 490 767.66**	**734 532.73**	**464 069.19**
（一）旅行社	628 881.84	14 332 969.86	732 819.60	79 711.19
（二）星级饭店	13 399 806.57	5 887 981.81	-117 760.79	337 842.85
内资饭店	10 243 883.98	4 755 648.67	-135 548.94	272 674.97
外资饭店	3 155 922.59	1 132 333.14	17 788.15	65 167.88
（三）旅游景区	2 732 518.39	1 269 815.99	119 473.92	46 515.15

企业主要经济指标

利润率 （%）	全员劳动生产率 （万元/人）	人均实现利润 （万元/人）	人均固定资产原价 （万元/人）	从业人员 （人）	企业数 （家）
3.42	**41.52**	**1.42**	**32.38**	**517 571**	**8 446**
5.11	117.93	6.03	5.17	121 533	6 135
–2.00	16.83	–0.34	38.29	349 930	1 980
–2.85	15.87	–0.45	34.18	299 743	1 804
1.57	22.56	0.35	62.88	50 187	176
9.41	27.54	2.59	59.26	46 108	331

3-2 主要城市旅行社

	固定资产原价（万元）	营业收入（万元）	利润（万元）	营业税金及附加（万元）
总计	**628 881.84**	**14 332 969.86**	**732 819.60**	**79 711.19**
沈阳	19 007.22	767 598.00	37 283.59	2 786.68
大连	11 346.43	293 995.90	18 903.44	1 500.88
长春	2 778.84	73 241.56	3 104.35	403.62
哈尔滨	1 988.86	61 367.60	8 781.86	368.81
南京	28 235.63	949 977.70	32 024.12	4 839.43
无锡	33 039.30	497 992.20	14 236.90	2 338.09
苏州	31 225.49	329 634.50	18 877.00	2 981.05
杭州	62 070.53	1 398 177.00	58 845.37	9 483.83
宁波	19 999.40	322 370.80	18 306.52	2 154.22
黄山	16 951.51	155 139.50	8 509.00	821.45
福州	43 041.23	754 636.40	32 857.15	3 646.07
厦门	11 948.79	477 583.20	25 348.08	2 527.06
青岛	61 466.31	691 306.70	48 519.63	3 855.88
武汉	101 857.20	779 547.90	43 657.81	4 201.95
广州	61 936.13	2 377 586.00	132 453.80	16 664.79
深圳	22 470.70	1 998 097.00	121 972.00	8 471.82
珠海	4 814.52	196 627.60	9 777.94	1 142.71
中山	6 070.23	115 723.20	9 935.09	650.16
桂林	7 170.58	167 036.50	9 851.83	887.41
海口	12 170.43	335 973.40	15 474.59	1 427.85
成都	46 128.00	359 418.70	9 413.55	4 879.37
昆明	12 066.69	679 993.90	37 695.71	2 391.52
西安	11 097.81	549 944.60	16 990.27	1 286.56

主要经济指标

利润率 （%）	全员劳动生产率 （万元/人）	人均实现利润 （万元/人）	人均固定资产原价 （万元/人）	从业人员 （人）	企业数 （家）
5.11	**117.93**	**6.03**	**5.17**	**121 533**	**6 135**
4.86	208.64	10.13	5.17	3 679	193
6.43	95.76	6.16	3.70	3 070	361
4.24	31.09	1.32	1.18	2 356	178
14.31	17.07	2.44	0.55	3 596	302
3.37	131.36	4.43	3.90	7 232	524
2.86	191.68	5.48	12.72	2 598	137
5.73	67.24	3.85	6.37	4 902	236
4.21	96.66	4.07	4.29	14 465	645
5.68	86.36	4.90	5.36	3 733	283
5.48	69.23	3.80	7.56	2 241	146
4.35	178.15	7.76	10.16	4 236	121
5.31	80.95	4.30	2.03	5 900	204
7.02	166.22	11.67	14.78	4 159	407
5.60	102.30	5.73	13.37	7 620	313
5.57	192.00	10.70	5.00	12 383	350
6.10	142.50	8.70	1.60	14 022	520
4.97	104.09	5.18	2.55	1 889	117
8.59	81.61	7.01	4.28	1 418	52
5.90	63.22	3.73	2.71	2 642	133
4.61	82.02	3.78	2.97	4 096	203
2.62	99.70	2.61	12.80	3 605	59
5.54	111.42	6.18	1.98	6 103	307
3.09	98.42	3.04	1.99	5 588	344

3-3 主要城市星级饭店

	固定资产原价（万元）	营业收入（万元）	利润（万元）	营业税金及附加（万元）
总计	**13 399 806.57**	**5 887 981.81**	**-117 760.79**	**337 842.85**
沈阳	510 307.68	166 385.27	-9 411.31	10 225.84
大连	824 594.97	260 177.48	-39 284.75	14 086.78
长春	373 233.40	118 151.25	-13 953.10	6 699.70
哈尔滨	339 574.13	128 716.14	1 845.36	13 096.36
南京	599 754.66	303 053.74	3 696.26	15 770.90
无锡	349 389.71	189 924.11	-18 391.39	10 559.16
苏州	949 247.41	394 125.15	-19 089.04	21 871.10
杭州	1 431 729.98	587 622.40	-15 610.43	32 265.22
宁波	805 638.12	357 873.90	-48 431.35	19 121.73
黄山	205 572.35	66 226.63	-9 622.97	4 425.53
福州	279 422.97	207 946.98	10 547.74	12 329.45
厦门	490 686.09	297 717.47	8 240.04	17 783.19
青岛	762 657.79	333 106.59	-3 772.41	18 054.82
武汉	469 864.95	211 851.77	-6 726.48	13 008.15
广州	1 304 112.63	773 702.86	44 441.52	43 418.40
深圳	1 010 533.88	510 933.41	26 828.48	29 181.61
珠海	226 491.67	141 103.69	6 031.60	7 914.13
中山	98 291.81	39 185.71	-7 599.64	2 179.65
桂林	297 566.99	77 110.60	-16 655.34	4 719.19
海口	237 770.80	101 090.98	-17 805.36	5 400.70
成都	731 720.43	235 042.13	71.41	12 022.35
昆明	305 999.45	147 158.80	11 559.52	8 315.31
西安	796 044.69	241 374.76	-4 669.15	15 393.59

主要经济指标

利润率 （%）	全员劳动生产率 （万元/人）	人均实现利润 （万元/人）	人均固定资产原价 （万元/人）	从业人员 （人）	企业数 （家）
–2.00	**16.83**	**–0.34**	**38.29**	**349 930**	**1 980**
–5.66	15.16	–0.86	46.51	10 972	72
–15.10	16.58	–2.50	52.55	15 691	137
–11.81	14.51	–1.71	45.83	8 143	57
1.43	16.73	0.24	44.14	7 693	74
1.22	19.83	0.24	39.25	15 279	92
–9.68	19.96	–1.93	36.72	9 516	49
–4.84	20.44	–0.99	49.22	19 286	112
–2.66	21.28	–0.57	51.84	27 610	176
–13.53	19.74	–2.67	44.44	18 130	134
–14.53	13.40	–1.95	41.59	4 943	51
5.07	15.15	0.77	20.36	13 722	56
2.77	21.32	0.59	35.13	13 967	72
–1.13	7.49	–0.08	17.16	44 451	117
–3.18	18.33	–0.58	40.65	11 560	72
5.74	22.06	1.27	37.18	35 071	181
5.25	21.17	1.11	41.87	24 134	112
4.27	13.66	0.58	21.93	10 329	75
–19.39	12.54	–2.43	31.46	3 124	20
–21.60	11.60	–2.51	44.76	6 648	61
–17.61	15.35	–2.70	36.11	6 585	44
0.03	16.23	0.00	50.51	14 486	71
7.86	14.45	1.14	30.05	10 184	51
–1.95	13.03	–0.25	43.25	18 406	94

3-4 主要城市内资星级饭店

	固定资产原价（万元）	营业收入（万元）	利润（万元）	营业税金及附加（万元）
总计	**10 243 883.98**	**4 755 648.67**	**-135 548.94**	**272 674.97**
沈阳	331 837.46	136 806.02	-4 019.10	7 339.91
大连	473 671.57	172 464.85	-35 099.93	9 367.14
长春	291 260.50	99 384.75	-13 963.80	5 715.90
哈尔滨	282 990.03	107 203.74	-2 311.24	11 928.16
南京	544 438.22	263 748.14	1 514.65	13 605.40
无锡	299 057.32	173 665.18	-16 993.76	9 701.55
苏州	848 668.26	350 202.27	-15 262.35	19 425.91
杭州	1 285 280.78	530 141.52	-24 390.00	29 006.13
宁波	625 291.32	310 591.90	-47 558.75	16 606.93
黄山	198 977.45	65 956.03	-9 333.87	4 409.73
福州	159 717.92	128 655.08	2 198.83	7 660.07
厦门	314 455.21	204 572.86	5 901.12	11 960.11
青岛	518 703.48	248 022.35	971.39	12 479.03
武汉	398 427.80	155 541.64	-11 413.34	9 969.00
广州	812 571.36	564 842.28	26 616.18	31 712.09
深圳	969 048.10	473 646.67	24 834.28	27 118.06
珠海	153 899.99	103 424.60	3 496.41	5 633.91
中山	31 325.50	25 443.62	-669.18	1 383.06
桂林	265 474.35	67 024.47	-9 359.02	4 156.87
海口	170 524.52	87 958.45	-13 741.98	4 656.54
成都	451 610.52	183 855.77	106.79	9 902.58
昆明	254 356.79	125 796.64	10 418.34	7 074.17
西安	562 295.53	176 699.84	-7 490.62	11 862.70

主要经济指标

利润率 （%）	全员劳动生产率 （万元/人）	人均实现利润 （万元/人）	人均固定资产原价 （万元/人）	从业人员 （人）	企业数 （家）
-2.85	**15.87**	**-0.45**	**34.18**	**299 743**	**1 804**
-2.94	16.15	-0.47	39.17	8 471	62
-20.35	14.56	-2.96	40.00	11 842	122
-14.05	13.60	-1.91	39.86	7 307	55
-2.16	15.25	-0.33	40.27	7 028	72
0.57	19.43	0.11	40.11	13 574	86
-9.79	20.15	-1.97	34.71	8 617	47
-4.36	20.43	-0.89	49.52	17 139	103
-4.60	20.42	-0.94	49.51	25 960	170
-15.31	19.49	-2.98	39.24	15 937	128
-14.15	13.68	-1.94	41.28	4 820	49
1.71	12.74	0.22	15.82	10 098	43
2.88	21.02	0.61	32.31	9 731	59
0.39	6.00	0.02	12.56	41 303	105
-7.34	16.88	-1.24	43.25	9 212	65
4.71	20.07	0.95	28.87	28 149	161
5.24	21.40	1.12	43.79	22 130	102
3.38	12.17	0.41	18.11	8 498	68
-2.63	11.51	-0.30	14.17	2 210	17
-13.96	11.77	-1.64	46.63	5 693	57
-15.62	15.11	-2.36	29.29	5 821	40
0.06	15.52	0.01	38.11	11 850	63
8.28	13.93	1.15	28.17	9 029	46
-4.24	11.53	-0.49	36.69	15 324	84

3-5 主要城市外资星级饭店

	固定资产原价（万元）	营业收入（万元）	利润（万元）	营业税金及附加（万元）
总计	**3 155 922.59**	**1 132 333.14**	**17 788.15**	**65 167.88**
沈阳	178 470.22	29 579.25	-5 392.21	2 885.92
大连	350 923.40	87 712.63	-4 184.82	4 719.64
长春	81 972.90	18 766.50	10.70	983.80
哈尔滨	56 584.10	21 512.40	4 156.60	1 168.20
南京	55 316.44	39 305.60	2 181.61	2 165.50
无锡	50 332.39	16 258.93	-1 397.63	857.61
苏州	100 579.15	43 922.88	-3 826.69	2 445.19
杭州	146 049.20	57 480.88	8 779.57	3 259.08
宁波	180 346.80	47 282.00	-872.60	2 514.80
黄山	6 594.90	270.60	-289.10	15.80
福州	119 705.05	79 291.90	8 348.91	4 669.38
厦门	176 230.88	93 144.61	2 338.93	5 823.08
青岛	243 954.31	85 084.24	-4 743.81	5 575.79
武汉	71 437.15	56 310.13	4 686.86	3 039.14
广州	491 541.27	208 860.58	17 825.35	11 706.31
深圳	41 485.78	37 286.73	1 994.19	2 063.55
珠海	72 591.69	37 679.09	2 535.19	2 280.22
中山	66 966.31	13 742.09	-6 930.46	796.59
桂林	32 092.64	10 086.12	-7 296.32	562.32
海口	67 246.28	13 132.53	-4 063.38	744.16
成都	280 109.91	51 186.36	-35.38	2 119.77
昆明	51 642.66	21 362.16	1 141.18	1 241.15
西安	233 749.16	63 074.92	2 821.47	3 530.88

主要经济指标

利润率 （%）	全员劳动生产率 （万元/人）	人均实现利润 （万元/人）	人均固定资产原价 （万元/人）	从业人员 （人）	企业数 （家）
1.57	**22.56**	**0.35**	**62.88**	**50 187**	**176**
-18.23	11.83	-2.16	71.36	2 501	10
-4.77	22.79	-1.09	91.17	3 849	15
0.06	22.45	0.01	98.05	836	2
19.32	32.35	6.25	85.09	665	2
5.55	23.05	1.28	32.44	1 705	6
-8.60	18.09	-1.55	55.99	899	2
-8.71	20.46	-1.78	46.85	2 147	9
15.27	34.84	5.32	88.51	1 650	6
-1.85	21.56	-0.40	82.24	2 193	6
-106.84	2.20	-2.35	53.62	123	2
10.53	21.88	2.30	33.03	3 624	13
2.51	21.99	0.55	41.60	4 236	13
-5.58	27.03	-1.51	77.50	3 148	12
8.32	23.98	2.00	30.42	2 348	7
8.53	30.17	2.58	71.01	6 922	20
5.35	18.61	1.00	20.70	2 004	10
6.73	20.58	1.38	39.65	1 831	7
-50.43	15.04	-7.58	73.27	914	3
-72.34	10.56	-7.64	33.60	955	4
-30.94	17.19	-5.32	88.02	764	4
-0.07	19.42	-0.01	106.26	2 636	8
5.34	18.50	0.99	44.71	1 155	5
4.47	20.47	0.92	75.84	3 082	10

3-6 主要城市旅游景区

	固定资产原价（万元）	营业收入（万元）	利润（万元）	营业税金及附加（万元）
总计	**2 732 518.39**	**1 269 815.99**	**119 473.92**	**46 515.15**
沈阳	129 099.64	17 040.32	–9 302.08	602.08
大连	53 832.79	26 333.46	3 492.77	875.70
长春	57 808.47	13 457.83	773.24	506.22
哈尔滨	12 370.20	8 540.04	94.42	318.01
南京	104 343.64	85 516.89	9 691.97	1 262.74
无锡	402 583.74	99 679.19	7 450.99	2 870.56
苏州	245 235.81	60 035.34	–17 852.67	1 855.95
杭州	297 198.76	104 453.01	–8 748.47	5 481.28
宁波	85 386.44	56 889.95	–2 985.16	2 041.91
黄山	81 152.74	31 829.33	5 868.04	1 069.96
福州	6 688.33	5 758.65	–509.10	925.16
厦门	53 147.67	34 572.14	13 530.14	1 328.36
青岛	195 586.53	82 889.23	2 772.15	2 771.07
武汉	214 917.74	69 674.90	11 886.11	2 244.39
广州	202 268.74	202 469.03	73 109.36	7 369.96
深圳	113 205.43	39 645.50	4 892.40	1 531.05
珠海	—	—	—	—
中山	14 462.95	5 340.90	–423.96	266.39
桂林	78 816.65	34 702.82	–2 249.99	1 825.55
海口	3 295.65	608.88	–167.40	20.36
成都	2 957.58	8 357.14	–6 326.77	328.85
昆明	64 823.86	97 060.20	11 240.35	1 828.76
西安	313 335.02	184 961.26	23 237.58	9 190.82

主要经济指标

利润率 （%）	全员劳动 生产率 （万元/人）	人均实现 利润 （万元/人）	人均固定资产 原价 （万元/人）	从业人员 （人）	企业数 （家）
9.41	**27.54**	**2.59**	**59.26**	**46 108**	**331**
-54.59	16.42	-8.96	124.37	1 038	6
13.26	32.35	4.29	66.13	814	7
5.75	21.03	1.21	90.33	640	3
1.11	22.01	0.24	31.88	388	2
11.33	32.63	3.70	39.82	2 621	24
7.47	34.43	2.57	139.06	2 895	26
-29.74	19.99	-5.94	81.66	3 003	32
-8.38	22.26	-1.86	63.34	4 692	43
-5.25	20.93	-1.10	31.42	2 718	28
18.44	24.08	4.44	61.39	1 322	20
-8.84	25.59	-2.26	29.73	225	4
39.14	34.20	13.38	52.57	1 011	12
3.34	33.48	1.12	78.99	2 476	27
17.06	23.02	3.93	71.00	3 027	14
36.11	37.35	13.49	37.31	5 421	24
12.34	25.56	3.15	72.99	1 551	5
—	—	—	—	—	—
-7.94	10.15	-0.81	27.50	526	4
-6.48	13.61	-0.88	30.92	2 549	11
-27.49	4.48	-1.23	24.23	136	1
-75.70	18.74	-14.19	6.63	446	1
11.58	35.42	4.10	23.66	2 740	4
12.56	31.51	3.96	53.39	5 869	33

四、分城市旅游企业资料

4-1 沈阳市旅游

	固定资产原价（万元）	营业收入（万元）	利润（万元）	营业税金及附加（万元）
合计	**529 314.90**	**933 983.27**	**27 872.28**	**13 012.51**
（一）旅行社	19 007.22	767 598.00	37 283.59	2 786.68
（二）星级饭店	510 307.68	166 385.27	–9 411.31	10 225.84
内资饭店	331 837.46	136 806.02	–4 019.10	7 339.91
外资饭店	178 470.22	29 579.25	–5 392.21	2 885.92
（三）旅游景区	129 099.64	17 040.32	–9 302.08	602.08

4-2 大连市旅游

	固定资产原价（万元）	营业收入（万元）	利润（万元）	营业税金及附加（万元）
合计	**889 774.19**	**580 506.84**	**–16 888.54**	**16 463.35**
（一）旅行社	11 346.43	293 995.90	18 903.44	1 500.88
（二）星级饭店	824 594.97	260 177.48	–39 284.75	14 086.78
内资饭店	473 671.57	172 464.85	–35 099.93	9 367.14
外资饭店	350 923.40	87 712.63	–4 184.82	4 719.64
（三）旅游景区	53 832.79	26 333.46	3 492.77	875.70

企业主要经济指标

利润率（%）	全员劳动生产率（万元/人）	人均实现利润（万元/人）	人均固定资产原价（万元/人）	从业人员（人）	企业数（家）
2.98	**63.75**	**1.90**	**36.13**	**14 651**	**265**
4.86	208.64	10.13	5.17	3 679	193
–5.66	15.16	–0.86	46.51	10 972	72
–2.94	16.15	–0.47	39.17	8 471	62
–18.23	11.83	–2.16	71.36	2 501	10
–54.59	16.42	–8.96	124.37	1 038	6

企业主要经济指标

利润率（%）	全员劳动生产率（万元/人）	人均实现利润（万元/人）	人均固定资产原价（万元/人）	从业人员（人）	企业数（家）
–2.91	**29.66**	**–0.86**	**45.45**	**19 575**	**505**
6.43	95.76	6.16	3.70	3 070	361
–15.10	16.58	–2.50	52.55	15 691	137
–20.35	14.56	–2.96	40.00	11 842	122
–4.77	22.79	–1.09	91.17	3 849	15
13.26	32.35	4.29	66.13	814	7

4-3 长春市旅游

	固定资产原价（万元）	营业收入（万元）	利润（万元）	营业税金及附加（万元）
合计	**433 820.71**	**204 850.64**	**-10 075.51**	**7 609.54**
（一）旅行社	2 778.84	73 241.56	3 104.35	403.62
（二）星级饭店	373 233.40	118 151.25	-13 953.10	6 699.70
内资饭店	291 260.50	99 384.75	-13 963.80	5 715.90
外资饭店	81 972.90	18 766.50	10.70	983.80
（三）旅游景区	57 808.47	13 457.83	773.24	506.22

4-4 哈尔滨市旅游

	固定资产原价（万元）	营业收入（万元）	利润（万元）	营业税金及附加（万元）
合计	**353 933.19**	**198 623.78**	**10 721.64**	**13 783.18**
（一）旅行社	1 988.86	61 367.60	8 781.86	368.81
（二）星级饭店	339 574.13	128 716.14	1 845.36	13 096.36
内资饭店	282 990.03	107 203.74	-2 311.24	11 928.16
外资饭店	56 584.10	21 512.40	4 156.60	1 168.20
（三）旅游景区	12 370.20	8 540.04	94.42	318.01

企业主要经济指标

利润率 （%）	全员劳动生产率 （万元/人）	人均实现利润 （万元/人）	人均固定资产原价 （万元/人）	从业人员 （人）	企业数 （家）
–4.92	**18.39**	**–0.90**	**38.95**	**11 139**	**238**
4.24	31.09	1.32	1.18	2 356	178
–11.81	14.51	–1.71	45.83	8 143	57
–14.05	13.60	–1.91	39.86	7 307	55
0.06	22.45	0.01	98.05	836	2
5.75	21.03	1.21	90.33	640	3

企业主要经济指标

利润率 （%）	全员劳动生产率 （万元/人）	人均实现利润 （万元/人）	人均固定资产原价 （万元/人）	从业人员 （人）	企业数 （家）
5.40	**17.01**	**0.92**	**30.31**	**11 677**	**378**
14.31	17.07	2.44	0.55	3 596	302
1.43	16.73	0.24	44.14	7 693	74
–2.16	15.25	–0.33	40.27	7 028	72
19.32	32.35	6.25	85.09	665	2
1.11	22.01	0.24	31.88	388	2

4-5 南京市旅游

	固定资产原价（万元）	营业收入（万元）	利润（万元）	营业税金及附加（万元）
合计	**732 333.93**	**1 338 548.33**	**45 412.35**	**21 873.07**
（一）旅行社	28 235.63	949 977.70	32 024.12	4 839.43
（二）星级饭店	599 754.66	303 053.74	3 696.26	15 770.90
内资饭店	544 438.22	263 748.14	1 514.65	13 605.40
外资饭店	55 316.44	39 305.60	2 181.61	2 165.50
（三）旅游景区	104 343.64	85 516.89	9 691.97	1 262.74

4-6 无锡市旅游

	固定资产原价（万元）	营业收入（万元）	利润（万元）	营业税金及附加（万元）
合计	**785 012.75**	**787 595.50**	**3 296.50**	**15 767.81**
（一）旅行社	33 039.30	497 992.20	14 236.90	2 338.09
（二）星级饭店	349 389.71	189 924.11	–18 391.39	10 559.16
内资饭店	299 057.32	173 665.18	–16 993.76	9 701.55
外资饭店	50 332.39	16 258.93	–1 397.63	857.61
（三）旅游景区	402 583.74	99 679.19	7 450.99	2 870.56

企业主要经济指标

利润率 （%）	全员劳动 生 产 率 （万元/人）	人均实现 利 润 （万元/人）	人均固定资产 原 价 （万元/人）	从业人员 （人）	企业数 （家）
3.39	**53.26**	**1.81**	**29.14**	**25 132**	**640**
3.37	131.36	4.43	3.90	7 232	524
1.22	19.83	0.24	39.25	15 279	92
0.57	19.43	0.11	40.11	13 574	86
5.55	23.05	1.28	32.44	1 705	6
11.33	32.63	3.70	39.82	2 621	24

企业主要经济指标

利润率 （%）	全员劳动 生 产 率 （万元/人）	人均实现 利 润 （万元/人）	人均固定资产 原 价 （万元/人）	从业人员 （人）	企业数 （家）
0.42	**52.47**	**0.22**	**52.30**	**15 009**	**212**
2.86	191.68	5.48	12.72	2 598	137
−9.68	19.96	−1.93	36.72	9 516	49
−9.79	20.15	−1.97	34.71	8 617	47
−8.60	18.09	−1.55	55.99	899	2
7.47	34.43	2.57	139.06	2 895	26

4-7　苏州市旅游

	固定资产原价（万元）	营业收入（万元）	利　润（万元）	营业税金及附加（万元）
合　计	**1 225 708.71**	**783 794.99**	**–18 064.71**	**26 708.10**
（一）旅行社	31 225.49	329 634.50	18 877.00	2 981.05
（二）星级饭店	949 247.41	394 125.15	–19 089.04	21 871.10
内资饭店	848 668.26	350 202.27	–15 262.35	19 425.91
外资饭店	100 579.15	43 922.88	–3 826.69	2 445.19
（三）旅游景区	245 235.81	60 035.34	–17 852.67	1 855.95

4-8　杭州市旅游

	固定资产原价（万元）	营业收入（万元）	利　润（万元）	营业税金及附加（万元）
合　计	**1 790 999.27**	**2 090 252.41**	**34 486.47**	**47 230.33**
（一）旅行社	62 070.53	1 398 177.00	58 845.37	9 483.83
（二）星级饭店	1 431 729.98	587 622.40	–15 610.43	32 265.22
内资饭店	1 285 280.78	530 141.52	–24 390.00	29 006.13
外资饭店	146 049.20	57 480.88	8 779.57	3 259.08
（三）旅游景区	297 198.76	104 453.01	–8 748.47	5 481.28

企业主要经济指标

利润率 （%）	全员劳动 生产率 （万元/人）	人均实现 利润 （万元/人）	人均固定资产 原价 （万元/人）	从业人员 （人）	企业数 （家）
–2.30	**28.83**	**–0.66**	**45.08**	**27 191**	**380**
5.73	67.24	3.85	6.37	4 902	236
–4.84	20.44	–0.99	49.22	19 286	112
–4.36	20.43	–0.89	49.52	17 139	103
–8.71	20.46	–1.78	46.85	2 147	9
–29.74	19.99	–5.94	81.66	3 003	32

企业主要经济指标

利润率 （%）	全员劳动 生产率 （万元/人）	人均实现 利润 （万元/人）	人均固定资产 原价 （万元/人）	从业人员 （人）	企业数 （家）
1.65	**44.70**	**0.74**	**38.30**	**46 767**	**864**
4.21	96.66	4.07	4.29	14 465	645
–2.66	21.28	–0.57	51.84	27 610	176
–4.60	20.42	–0.94	49.51	25 960	170
15.27	34.84	5.32	88.51	1 650	6
–8.38	22.26	–1.86	63.34	4 692	43

4-9 宁波市旅游

	固定资产原价（万元）	营业收入（万元）	利润（万元）	营业税金及附加（万元）
合计	**911 023.96**	**737 134.65**	**−33 109.99**	**23 317.86**
（一）旅行社	19 999.40	322 370.80	18 306.52	2 154.22
（二）星级饭店	805 638.12	357 873.90	−48 431.35	19 121.73
内资饭店	625 291.32	310 591.90	−47 558.75	16 606.93
外资饭店	180 346.80	47 282.00	−872.60	2 514.80
（三）旅游景区	85 386.44	56 889.95	−2 985.16	2 041.91

4-10 黄山市旅游

	固定资产原价（万元）	营业收入（万元）	利润（万元）	营业税金及附加（万元）
合计	**303 676.60**	**253 195.46**	**4 754.07**	**6 316.93**
（一）旅行社	16 951.51	155 139.50	8 509.00	821.45
（二）星级饭店	205 572.35	66 226.63	−9 622.97	4 425.53
内资饭店	198 977.45	65 956.03	−9 333.87	4 409.73
外资饭店	6 594.90	270.60	−289.10	15.80
（三）旅游景区	81 152.74	31 829.33	5 868.04	1 069.96

企业主要经济指标

利润率（%）	全员劳动生产率（万元/人）	人均实现利润（万元/人）	人均固定资产原价（万元/人）	从业人员（人）	企业数（家）
-4.49	**29.99**	**-1.35**	**37.06**	**24 581**	**445**
5.68	86.36	4.90	5.36	3 733	283
-13.53	19.74	-2.67	44.44	18 130	134
-15.31	19.49	-2.98	39.24	15 937	128
-1.85	21.56	-0.40	82.24	2 193	6
-5.25	20.93	-1.10	31.42	2 718	28

企业主要经济指标

利润率（%）	全员劳动生产率（万元/人）	人均实现利润（万元/人）	人均固定资产原价（万元/人）	从业人员（人）	企业数（家）
1.88	**29.77**	**0.56**	**35.70**	**8 506**	**217**
5.48	69.23	3.80	7.56	2 241	146
-14.53	13.40	-1.95	41.59	4 943	51
-14.15	13.68	-1.94	41.28	4 820	49
-106.84	2.20	-2.35	53.62	123	2
18.44	24.08	4.44	61.39	1 322	20

4-11 福州市旅游

	固定资产原价（万元）	营业收入（万元）	利润（万元）	营业税金及附加（万元）
合计	**329 152.53**	**968 342.03**	**42 895.79**	**16 900.68**
（一）旅行社	43 041.23	754 636.40	32 857.15	3 646.07
（二）星级饭店	279 422.97	207 946.98	10 547.74	12 329.45
内资饭店	159 717.92	128 655.08	2 198.83	7 660.07
外资饭店	119 705.05	79 291.90	8 348.91	4 669.38
（三）旅游景区	6 688.33	5 758.65	-509.10	925.16

4-12 厦门市旅游

	固定资产原价（万元）	营业收入（万元）	利润（万元）	营业税金及附加（万元）
合计	**555 782.55**	**809 872.81**	**47 118.26**	**21 638.61**
（一）旅行社	11 948.79	477 583.20	25 348.08	2 527.06
（二）星级饭店	490 686.09	297 717.47	8 240.04	17 783.19
内资饭店	314 455.21	204 572.86	5 901.12	11 960.11
外资饭店	176 230.88	93 144.61	2 338.93	5 823.08
（三）旅游景区	53 147.67	34 572.14	13 530.14	1 328.36

企业主要经济指标

利润率 （%）	全员劳动 生产率 （万元/人）	人均实现 利润 （万元/人）	人均固定资产 原价 （万元/人）	从业人员 （人）	企业数 （家）
4.43	**53.26**	**2.36**	**18.10**	**18 183**	**181**
4.35	178.15	7.76	10.16	4 236	121
5.07	15.15	0.77	20.36	13 722	56
1.71	12.74	0.22	15.82	10 098	43
10.53	21.88	2.30	33.03	3 624	13
–8.84	25.59	–2.26	29.73	225	4

企业主要经济指标

利润率 （%）	全员劳动 生产率 （万元/人）	人均实现 利润 （万元/人）	人均固定资产 原价 （万元/人）	从业人员 （人）	企业数 （家）
5.82	**38.79**	**2.26**	**26.62**	**20 878**	**288**
5.31	80.95	4.30	2.03	5 900	204
2.77	21.32	0.59	35.13	13 967	72
2.88	21.02	0.61	32.31	9 731	59
2.51	21.99	0.55	41.60	4 236	13
39.14	34.20	13.38	52.57	1 011	12

4-13 青岛市旅游

	固定资产原价（万元）	营业收入（万元）	利润（万元）	营业税金及附加（万元）
合计	**1 019 710.63**	**1 107 302.52**	**47 519.37**	**24 681.77**
（一）旅行社	61 466.31	691 306.70	48 519.63	3 855.88
（二）星级饭店	762 657.79	333 106.59	–3 772.41	18 054.82
内资饭店	518 703.48	248 022.35	971.39	12 479.03
外资饭店	243 954.31	85 084.24	–4 743.81	5 575.79
（三）旅游景区	195 586.53	82 889.23	2 772.15	2 771.07

4-14 武汉市旅游

	固定资产原价（万元）	营业收入（万元）	利润（万元）	营业税金及附加（万元）
合计	**786 639.89**	**1 061 074.57**	**48 817.44**	**19 454.48**
（一）旅行社	101 857.20	779 547.90	43 657.81	4 201.95
（二）星级饭店	469 864.95	211 851.77	–6 726.48	13 008.15
内资饭店	398 427.80	155 541.64	–11 413.34	9 969.00
外资饭店	71 437.15	56 310.13	4 686.86	3 039.14
（三）旅游景区	214 917.74	69 674.90	11 886.11	2 244.39

企业主要经济指标

利润率 (%)	全员劳动生产率 (万元/人)	人均实现利润 (万元/人)	人均固定资产原价 (万元/人)	从业人员 (人)	企业数 (家)
4.29	**21.68**	**0.93**	**19.96**	**51 086**	**551**
7.02	166.22	11.67	14.78	4 159	407
–1.13	7.49	–0.08	17.16	44 451	117
0.39	6.00	0.02	12.56	41 303	105
–5.58	27.03	–1.51	77.50	3 148	12
3.34	33.48	1.12	78.99	2 476	27

企业主要经济指标

利润率 (%)	全员劳动生产率 (万元/人)	人均实现利润 (万元/人)	人均固定资产原价 (万元/人)	从业人员 (人)	企业数 (家)
4.60	**47.78**	**2.20**	**35.42**	**22 207**	**399**
5.60	102.30	5.73	13.37	7 620	313
–3.18	18.33	–0.58	40.65	11 560	72
–7.34	16.88	–1.24	43.25	9 212	65
8.32	23.98	2.00	30.42	2 348	7
17.06	23.02	3.93	71.00	3 027	14

4-15 广州市旅游

	固定资产原价（万元）	营业收入（万元）	利润（万元）	营业税金及附加（万元）
合计	**1 568 317.50**	**3 353 757.89**	**250 004.68**	**67 453.15**
（一）旅行社	61 936.13	2 377 586.00	132 453.80	16 664.79
（二）星级饭店	1 304 112.63	773 702.86	44 441.52	43 418.40
内资饭店	812 571.36	564 842.28	26 616.18	31 712.09
外资饭店	491 541.27	208 860.58	17 825.35	11 706.31
（三）旅游景区	202 268.74	202 469.03	73 109.36	7 369.96

4-16 深圳市旅游

	固定资产原价（万元）	营业收入（万元）	利润（万元）	营业税金及附加（万元）
合计	**1 146 210.01**	**2 548 675.91**	**153 692.88**	**39 184.48**
（一）旅行社	22 470.70	1 998 097.00	121 972.00	8 471.82
（二）星级饭店	1 010 533.88	510 933.41	26 828.48	29 181.61
内资饭店	969 048.10	473 646.67	24 834.28	27 118.06
外资饭店	41 485.78	37 286.73	1 994.19	2 063.55
（三）旅游景区	113 205.43	39 645.50	4 892.40	1 531.05

企业主要经济指标

利润率 （%）	全员劳动 生产率 （万元/人）	人均实现 利润 （万元/人）	人均固定资产 原价 （万元/人）	从业人员 （人）	企业数 （家）
7.45	**63.43**	**4.73**	**29.66**	**52 875**	**555**
5.57	192.00	10.70	5.00	12 383	350
5.74	22.06	1.27	37.18	35 071	181
4.71	20.07	0.95	28.87	28 149	161
8.53	30.17	2.58	71.01	6 922	20
36.11	37.35	13.49	37.31	5 421	24

企业主要经济指标

利润率 （%）	全员劳动 生产率 （万元/人）	人均实现 利润 （万元/人）	人均固定资产 原价 （万元/人）	从业人员 （人）	企业数 （家）
6.03	**64.19**	**3.87**	**28.87**	**39 707**	**637**
6.10	142.50	8.70	1.60	14 022	520
5.25	21.17	1.11	41.87	24 134	112
5.24	21.40	1.12	43.79	22 130	102
5.35	18.61	1.00	20.70	2 004	10
12.34	25.56	3.15	72.99	1 551	5

4-17 珠海市旅游

	固定资产原价（万元）	营业收入（万元）	利润（万元）	营业税金及附加（万元）
合计	**231 306.19**	**337 731.29**	**15 809.54**	**9 056.84**
（一）旅行社	4 814.52	196 627.60	9 777.94	1 142.71
（二）星级饭店	226 491.67	141 103.69	6 031.60	7 914.13
内资饭店	153 899.99	103 424.60	3 496.41	5 633.91
外资饭店	72 591.69	37 679.09	2 535.19	2 280.22
（三）旅游景区	—	—	—	—

4-18 中山市旅游

	固定资产原价（万元）	营业收入（万元）	利润（万元）	营业税金及附加（万元）
合计	**118 825.00**	**160 249.81**	**1 911.49**	**3 096.20**
（一）旅行社	6 070.23	115 723.20	9 935.09	650.16
（二）星级饭店	98 291.81	39 185.71	−7 599.64	2 179.65
内资饭店	31 325.50	25 443.62	−669.18	1 383.06
外资饭店	66 966.31	13 742.09	−6 930.46	796.59
（三）旅游景区	14 462.95	5 340.90	−423.96	266.39

企业主要经济指标

利润率 （%）	全员劳动生产率 （万元/人）	人均实现利润 （万元/人）	人均固定资产原价 （万元/人）	从业人员 （人）	企业数 （家）
4.68	**27.64**	**1.29**	**18.93**	**12 218**	**192**
4.97	104.09	5.18	2.55	1 889	117
4.27	13.66	0.58	21.93	10 329	75
3.38	12.17	0.41	18.11	8 498	68
6.73	20.58	1.38	39.65	1 831	7
—	—	—	—	—	—

企业主要经济指标

利润率 （%）	全员劳动生产率 （万元/人）	人均实现利润 （万元/人）	人均固定资产原价 （万元/人）	从业人员 （人）	企业数 （家）
1.19	**31.62**	**0.38**	**23.45**	**5 068**	**76**
8.59	81.61	7.01	4.28	1 418	52
−19.39	12.54	−2.43	31.46	3 124	20
−2.63	11.51	−0.30	14.17	2 210	17
−50.43	15.04	−7.58	73.27	914	3
−7.94	10.15	−0.81	27.50	526	4

4–19 桂林市旅游

	固定资产原价（万元）	营业收入（万元）	利润（万元）	营业税金及附加（万元）
合计	**383 554.23**	**278 849.92**	**–9 053.50**	**7 432.15**
（一）旅行社	7 170.58	167 036.50	9 851.83	887.41
（二）星级饭店	297 566.99	77 110.60	–16 655.34	4 719.19
内资饭店	265 474.35	67 024.47	–9 359.02	4 156.87
外资饭店	32 092.64	10 086.12	–7 296.32	562.32
（三）旅游景区	78 816.65	34 702.82	–2 249.99	1 825.55

4–20 海口市旅游

	固定资产原价（万元）	营业收入（万元）	利润（万元）	营业税金及附加（万元）
合计	**253 236.88**	**437 673.26**	**–2 498.17**	**6 848.91**
（一）旅行社	12 170.43	335 973.40	15 474.59	1 427.85
（二）星级饭店	237 770.80	101 090.98	–17 805.36	5 400.70
内资饭店	170 524.52	87 958.45	–13 741.98	4 656.54
外资饭店	67 246.28	13 132.53	–4 063.38	744.16
（三）旅游景区	3 295.65	608.88	–167.40	20.36

企业主要经济指标

利润率 （%）	全员劳动 生产率 （万元/人）	人均实现 利润 （万元/人）	人均固定资产 原价 （万元/人）	从业人员 （人）	企业数 （家）
−3.25	**23.55**	**−0.76**	**32.40**	**11 839**	**205**
5.90	63.22	3.73	2.71	2 642	133
−21.60	11.60	−2.51	44.76	6 648	61
−13.96	11.77	−1.64	46.63	5 693	57
−72.34	10.56	−7.64	33.60	955	4
−6.48	13.61	−0.88	30.92	2 549	11

企业主要经济指标

利润率 （%）	全员劳动 生产率 （万元/人）	人均实现 利润 （万元/人）	人均固定资产 原价 （万元/人）	从业人员 （人）	企业数 （家）
−0.57	**40.46**	**−0.23**	**23.41**	**10 817**	**248**
4.61	82.02	3.78	2.97	4 096	203
−17.61	15.35	−2.70	36.11	6 585	44
−15.62	15.11	−2.36	29.29	5 821	40
−30.94	17.19	−5.32	88.02	764	4
−27.49	4.48	−1.23	24.23	136	1

4-21 成都市旅游

	固定资产原价（万元）	营业收入（万元）	利润（万元）	营业税金及附加（万元）
合计	**780 806.01**	**602 817.97**	**3 158.18**	**17 230.57**
（一）旅行社	46 128.00	359 418.70	9 413.55	4 879.37
（二）星级饭店	731 720.43	235 042.13	71.41	12 022.35
内资饭店	451 610.52	183 855.77	106.79	9 902.58
外资饭店	280 109.91	51 186.36	–35.38	2 119.77
（三）旅游景区	2 957.58	8 357.14	–6 326.77	328.85

4-22 昆明市旅游

	固定资产原价（万元）	营业收入（万元）	利润（万元）	营业税金及附加（万元）
合计	**382 890.00**	**924 212.90**	**60 495.58**	**12 535.60**
（一）旅行社	12 066.69	679 993.90	37 695.71	2 391.52
（二）星级饭店	305 999.45	147 158.80	11 559.52	8 315.31
内资饭店	254 356.79	125 796.64	10 418.34	7 074.17
外资饭店	51 642.66	21 362.16	1 141.18	1 241.15
（三）旅游景区	64 823.86	97 060.20	11 240.35	1 828.76

企业主要经济指标

利润率 （%）	全员劳动生产率 （万元/人）	人均实现利润 （万元/人）	人均固定资产原价 （万元/人）	从业人员 （人）	企业数 （家）
0.52	**32.52**	**0.17**	**42.12**	**18 537**	**131**
2.62	99.70	2.61	12.80	3 605	59
0.03	16.23	0.00	50.51	14 486	71
0.06	15.52	0.01	38.11	11 850	63
−0.07	19.42	−0.01	106.26	2 636	8
−75.70	18.74	−14.19	6.63	446	1

企业主要经济指标

利润率 （%）	全员劳动生产率 （万元/人）	人均实现利润 （万元/人）	人均固定资产原价 （万元/人）	从业人员 （人）	企业数 （家）
6.55	**48.57**	**3.18**	**20.12**	**19 027**	**362**
5.54	111.42	6.18	1.98	6 103	307
7.86	14.45	1.14	30.05	10 184	51
8.28	13.93	1.15	28.17	9 029	46
5.34	18.50	0.99	44.71	1 155	5
11.58	35.42	4.10	23.66	2 740	4

4-23 西安市旅游

	固定资产原价（万元）	营业收入（万元）	利润（万元）	营业税金及附加（万元）
合计	**1 120 477.52**	**976 280.62**	**35 558.70**	**25 870.97**
（一）旅行社	11 097.81	549 944.60	16 990.27	1 286.56
（二）星级饭店	796 044.69	241 374.76	–4 669.15	15 393.59
内资饭店	562 295.53	176 699.84	–7 490.62	11 862.70
外资饭店	233 749.16	63 074.92	2 821.47	3 530.88
（三）旅游景区	313 335.02	184 961.26	23 237.58	9 190.82

企业主要经济指标

利润率 （%）	全员劳动生产率 （万元/人）	人均实现利润 （万元/人）	人均固定资产原价 （万元/人）	从业人员 （人）	企业数 （家）
3.64	**32.69**	**1.19**	**37.52**	**29 863**	**471**
3.09	98.42	3.04	1.99	5 588	344
−1.95	13.03	−0.25	43.25	18 406	94
−4.24	11.53	−0.49	36.69	15 324	84
4.47	20.47	0.92	75.84	3 082	10
12.56	31.51	3.96	53.39	5 869	33

下　　篇

全国星级饭店综合资料

五、全国星级饭店综合资料

5-1 全国星级饭店

饭店注册登记类型和星级		饭店数（家）	客房数（间/套）	床位数（张）
饭店注册登记类型	**合　计**	**11 180**	**1 497 899**	**2 624 815**
	国有企业	2 678	374 061	659 373
	集体企业	391	41 903	75 701
	股份合作企业	274	32 560	58 769
	国有联营	16	1 679	2 936
	集体联营	17	1 467	2 555
	国有与集体联营	7	562	1 076
	其他联营	16	2 218	3 647
	国有独资公司	356	55 326	87 962
	其他有限责任公司	342	61 071	100 013
	股份有限公司	638	90 784	153 314
	私营独资	2 032	183 569	320 793
	私营合伙	392	39 371	66 057
	私营有限责任公司	1 985	254 519	513 668
	私营股份有限公司	231	34 425	60 211
	其他	1 363	206 926	343 078
	与港澳台商合资经营	93	31 135	45 149
	与港澳台商合作经营	25	7 348	11 222
	港澳台商独资	81	21 974	34 027
	港澳台商投资股份有限公司	18	3 666	5 737
	中外合资经营	109	25 958	38 650
	中外合作经营	25	5 657	8 785
	外资企业	74	18 727	27 659
	外商投资股份有限公司	17	2 993	4 433
饭店星级	**合　计**	**11 180**	**1 497 899**	**2 624 815**
	五星级	745	260 907	387 467
	四星级	2 373	469 737	782 336
	三星级	5 406	592 338	1 130 479
	二星级	2 557	170 001	315 113
	一星级	99	4 916	9 420

综合情况

客房出租率（%）	营业收入（万元）	营业税金及附加（万元）	固定资产原价（万元）
54.20	**21 514 480.10**	**1 252 924.34**	**50 094 772.76**
54.93	5 487 686.59	295 180.52	15 077 477.31
52.29	489 722.96	27 468.81	1 208 280.62
51.67	337 942.85	18 075.01	696 801.19
43.61	14 055.52	705.96	65 621.07
65.31	10 795.38	622.54	26 425.13
48.19	5 306.37	330.44	27 133.47
55.36	28 867.55	1 638.16	32 404.60
59.47	1 071 260.31	59 115.25	2 129 231.39
56.07	1 207 075.89	66 444.67	2 678 295.96
55.50	1 352 225.13	69 824.11	3 080 610.54
52.25	1 664 241.27	94 675.02	3 323 407.00
56.48	458 820.42	25 793.95	838 253.36
51.85	2 749 966.22	202 626.19	5 630 234.09
53.82	344 655.86	18 673.69	723 904.29
54.34	3 391 098.98	204 996.92	7 073 537.06
58.60	775 094.75	44 302.83	1 910 474.38
59.50	190 073.04	10 535.82	334 542.87
56.80	435 631.33	24 009.58	1 382 318.28
58.18	101 794.80	6 168.62	256 426.31
56.18	740 057.58	43 474.44	1 834 535.30
55.58	140 071.52	8 033.13	310 588.17
58.58	455 874.43	26 810.48	1 232 011.36
60.39	62 161.34	3 418.20	222 259.02
54.20	**21 514 480.10**	**1 252 924.34**	**50 094 772.76**
55.41	7 651 469.61	436 682.30	18 952 338.91
54.75	7 332 533.27	456 720.86	17 992 733.42
53.55	5 455 417.39	294 140.38	11 222 585.73
53.25	1 056 429.99	64 401.92	1 879 099.05
49.41	18 629.84	978.88	48 015.65

5–2 全国星级饭店

地区	总计	国有企业	集体企业	股份合作企业	国有联营	集体联营	国有与集体联营	其他联营	国有独资公司	其他有限责任公司	股份有限公司	私营独资
总　计	**11 180**	**2 678**	**391**	**274**	**16**	**17**	**7**	**16**	**356**	**342**	**638**	**2 032**
北　京	523	148	32	15	0	0	0	0	19	184	9	3
天　津	93	0	0	1	0	0	0	0	0	0	8	1
河　北	391	142	13	9	1	0	1	0	0	0	18	51
山　西	251	84	7	7	0	0	1	0	1	0	26	31
内蒙古	272	54	9	4	1	0	0	1	1	0	14	74
辽　宁	405	111	21	3	1	1	0	2	2	0	18	79
吉　林	187	57	20	2	0	1	0	1	0	0	7	36
黑龙江	203	77	4	7	2	0	0	0	0	0	9	46
上　海	240	86	13	3	0	0	1	0	20	0	14	11
江　苏	650	119	19	12	0	0	0	0	263	0	44	144
浙　江	792	103	38	32	0	2	1	3	2	0	67	92
安　徽	367	91	11	14	1	0	0	0	1	0	27	57
福　建	374	89	11	8	0	0	0	1	1	0	12	35
江　西	322	97	4	7	0	0	0	0	0	0	26	45
山　东	724	228	43	22	0	3	0	3	0	0	65	74
河　南	303	85	22	8	1	0	0	0	1	0	17	45
湖　北	416	105	10	13	1	0	0	1	3	0	22	74
湖　南	420	90	6	17	1	0	0	0	0	0	30	118
广　东	832	107	20	6	3	2	0	1	20	95	29	99
广　西	401	83	8	8	1	1	0	1	2	0	16	122
海　南	133	33	1	4	0	1	0	0	1	0	2	15
重　庆	236	58	8	5	0	0	0	0	1	0	11	41
四　川	388	49	4	4	1	0	0	0	5	63	34	71
贵　州	282	63	1	8	1	0	0	0	2	0	17	100
云　南	624	124	24	14	0	3	0	1	2	0	27	274
西　藏	113	27	7	0	1	2	0	0	0	0	5	35
陕　西	325	103	7	23	0	1	0	0	3	0	21	30
甘　肃	313	103	13	4	0	0	3	1	1	0	19	66
青　海	144	22	4	3	0	0	0	0	0	0	5	50
宁　夏	90	13	2	5	0	0	0	0	2	0	5	17
新　疆	366	127	9	6	0	0	0	0	3	0	14	96

的注册登记类型

单位：家

私营合伙	私营有限责任公司	私营股份有限公司	其他	与港澳台商合资经营	与港澳台商合作经营	港澳台商独资	港澳台商投资股份有限公司	中外合资经营	中外合作经营	外资企业	外商投资股份有限公司
392	**1 985**	**231**	**1 363**	**93**	**25**	**81**	**18**	**109**	**25**	**74**	**17**
2	64	2	0	25	2	2	0	13	3	0	0
0	1	0	81	0	0	0	0	0	0	1	0
2	75	7	63	3	0	1	1	2	0	2	0
4	53	7	28	2	0	0	0	0	0	0	0
4	73	3	32	0	0	1	0	0	0	0	1
5	67	7	49	4	1	4	1	18	1	8	2
0	36	3	22	1	0	0	0	0	0	1	0
1	26	4	24	1	0	0	0	0	0	2	0
0	31	1	56	0	0	0	0	0	0	4	0
0	0	0	15	6	0	9	0	11	2	4	2
81	237	15	87	3	0	5	8	8	1	3	4
7	85	12	52	2	0	3	1	1	0	2	0
28	85	12	44	8	0	13	1	13	3	10	0
14	69	17	32	1	0	2	1	2	0	3	2
5	140	12	106	5	0	5	0	11	0	1	1
5	57	7	52	1	0	0	0	1	1	0	0
29	77	11	54	1	2	4	0	3	0	4	2
27	72	28	22	2	0	2	2	1	0	2	0
46	135	13	175	12	17	18	2	12	8	11	1
29	84	8	30	1	0	6	0	0	1	0	0
1	24	5	32	4	2	1	0	3	0	4	0
16	53	9	28	3	0	0	0	0	0	2	1
12	68	14	55	1	0	2	0	1	1	3	0
9	47	4	27	1	0	1	0	0	0	1	0
20	71	10	40	4	0	0	1	3	1	4	1
11	17	1	6	0	0	0	0	0	0	1	0
6	57	4	59	2	1	1	0	3	3	1	0
2	66	11	22	0	0	1	0	1	0	0	0
8	28	0	24	0	0	0	0	0	0	0	0
4	32	1	8	0	0	0	0	1	0	0	0
14	55	3	38	0	0	0	0	1	0	0	0

5-3 全国星级饭店的地区分布

地　区	饭店数（家）	客房数（间/套）	床位数（张）	客房出租率（%）	营业收入（万元）	营业税金及附加（万元）	固定资产原价（万元）
总　计	**11 180**	**1 497 899**	**2 624 815**	**54.20**	**21 514 480.10**	**1 252 924.34**	**50 094 772.76**
北　京	523	105 671	175 564	55.26	2 608 344.50	145 859.60	6 964 453.30
天　津	93	18 527	28 867	49.21	261 344.07	14 594.25	396 748.42
河　北	391	52 123	92 756	44.47	557 934.94	31 578.27	1 829 935.52
山　西	251	30 475	53 446	51.78	337 338.63	17 077.11	925 531.54
内蒙古	272	28 389	50 105	46.09	264 609.68	13 379.68	881 775.71
辽　宁	405	52 426	88 194	48.65	596 833.31	32 859.10	1 847 005.71
吉　林	187	18 538	33 233	46.04	183 085.00	10 248.05	632 236.46
黑龙江	203	21 401	38 870	44.18	188 150.36	16 060.76	583 510.68
上　海	240	57 428	86 777	63.70	1 892 036.61	121 630.31	3 527 714.21
江　苏	650	89 442	144 316	57.85	1 638 298.93	89 057.62	3 138 415.02
浙　江	792	114 016	190 586	54.76	2 202 523.98	114 803.17	4 345 168.95
安　徽	367	46 328	80 815	51.40	514 143.99	28 749.21	1 189 263.58
福　建	374	59 182	94 266	57.82	905 744.57	53 299.38	1 512 708.49
江　西	322	40 898	70 672	54.95	334 960.88	16 123.58	736 637.21
山　东	724	91 089	156 454	55.88	1 241 545.21	70 606.20	3 056 271.12
河　南	303	36 243	64 178	52.31	350 558.16	19 381.65	769 926.84
湖　北	416	48 221	87 302	57.26	497 484.69	28 286.56	1 167 924.30
湖　南	420	51 011	88 082	67.73	762 730.50	28 502.19	1 384 151.59
广　东	832	136 580	215 023	55.41	2 308 868.15	128 770.22	4 483 196.46
广　西	401	53 540	93 734	53.99	384 019.58	20 441.56	1 004 807.27
海　南	133	25 640	44 320	56.37	422 164.58	22 668.37	1 028 639.35
重　庆	236	31 163	52 125	56.24	449 467.74	25 002.45	920 008.63
四　川	388	52 049	86 494	57.61	668 581.92	35 544.46	1 825 235.78
贵　州	282	26 312	44 646	57.74	241 154.37	12 961.04	526 577.35
云　南	624	58 964	183 816	51.80	436 963.94	30 700.43	1 677 122.81
西　藏	113	9 956	20 116	51.12	66 236.83	7 430.81	340 159.80
陕　西	325	42 641	77 848	53.18	438 029.10	24 477.53	1 188 513.59
甘　肃	313	32 448	59 974	48.27	231 374.88	12 149.32	632 442.17
青　海	144	13 271	25 704	39.57	87 512.42	4 570.51	217 406.75
宁　夏	90	9 621	16 326	42.03	78 817.91	4 213.27	210 909.09
新　疆	366	44 306	80 206	46.28	363 620.67	71 897.69	1 150 375.07

5-4 全国星级饭店的星级构成

单位：家

地区	星级饭店总数	五星级	四星级	三星级	二星级	一星级
总计	**11 180**	**745**	**2 373**	**5 406**	**2 557**	**99**
北京	523	58	126	195	139	5
天津	93	16	34	37	6	0
河北	391	22	126	183	58	2
山西	251	17	61	125	48	0
内蒙古	272	8	34	104	125	1
辽宁	405	22	76	211	93	3
吉林	187	3	45	92	47	0
黑龙江	203	5	47	105	44	2
上海	240	59	65	83	32	1
江苏	650	78	178	292	102	0
浙江	792	72	175	329	203	13
安徽	367	20	102	167	77	1
福建	374	43	129	175	26	1
江西	322	11	91	181	39	0
山东	724	28	153	432	111	0
河南	303	8	47	180	66	2
湖北	416	19	74	190	132	1
湖南	420	16	54	198	146	6
广东	832	102	147	491	89	3
广西	401	10	63	231	96	1
海南	133	22	38	60	10	3
重庆	236	27	52	120	37	0
四川	388	20	101	148	116	3
贵州	282	6	50	125	86	15
云南	624	20	59	225	298	22
西藏	113	1	27	33	48	4
陕西	325	10	44	205	66	0
甘肃	313	4	56	160	86	7
青海	144	2	27	66	48	1
宁夏	90	0	31	51	8	0
新疆	366	16	61	212	75	2

5-5 全国星级饭店的营业收入总额

单位：万元

地　区	营业收入		
		#客房	#餐饮
总　计	**21 514 480.10**	**9 365 152.37**	**8 847 962.28**
北　京	2 608 344.50	1 222 482.50	802 718.40
天　津	261 344.07	124 555.57	99 760.73
河　北	557 934.94	215 228.85	262 615.17
山　西	337 338.63	132 552.48	147 672.57
内蒙古	264 609.68	109 398.19	132 558.39
辽　宁	596 833.31	260 050.03	258 655.51
吉　林	183 085.00	79 118.75	82 674.61
黑龙江	188 150.36	96 822.21	66 827.75
上　海	1 892 036.61	878 935.41	652 758.86
江　苏	1 638 298.93	590 843.53	905 652.90
浙　江	2 202 523.98	767 802.82	1 053 063.38
安　徽	514 143.99	215 577.00	253 928.91
福　建	905 744.57	397 071.61	402 847.59
江　西	334 960.88	168 935.30	134 344.38
山　东	1 241 545.21	477 423.70	606 046.82
河　南	350 558.16	137 099.57	164 066.19
湖　北	497 484.69	247 708.80	194 147.76
湖　南	762 730.50	299 597.15	265 556.85
广　东	2 308 868.15	1 000 443.12	917 246.76
广　西	384 019.58	183 128.91	154 887.96
海　南	422 164.58	244 778.39	117 141.58
重　庆	449 467.74	208 881.92	170 675.29
四　川	668 581.92	320 908.10	258 254.66
贵　州	241 154.37	134 191.56	82 618.86
云　南	436 963.94	253 255.77	131 725.48
西　藏	66 236.83	43 396.58	13 148.99
陕　西	438 029.10	195 482.63	200 860.66
甘　肃	231 374.88	119 094.42	91 902.98
青　海	87 512.42	49 445.23	29 308.59
宁　夏	78 817.91	32 345.18	41 666.37
新　疆	363 620.67	158 597.08	152 627.33

5-6 全国星级饭店的营业收入构成

地　区	营业收入（万元）	#客房（%）	#餐饮（%）
总　计	**21 514 480.10**	**43.53**	**41.13**
北　京	2 608 344.50	46.87	30.78
天　津	261 344.07	47.66	38.17
河　北	557 934.94	38.58	47.07
山　西	337 338.63	39.29	43.78
内蒙古	264 609.68	41.34	50.10
辽　宁	596 833.31	43.57	43.34
吉　林	183 085.00	43.21	45.16
黑龙江	188 150.36	51.46	35.52
上　海	1 892 036.61	46.45	34.50
江　苏	1 638 298.93	36.06	55.28
浙　江	2 202 523.98	34.86	47.81
安　徽	514 143.99	41.93	49.39
福　建	905 744.57	43.84	44.48
江　西	334 960.88	50.43	40.11
山　东	1 241 545.21	38.45	48.81
河　南	350 558.16	39.11	46.80
湖　北	497 484.69	49.79	39.03
湖　南	762 730.50	39.28	34.82
广　东	2 308 868.15	43.33	39.73
广　西	384 019.58	47.69	40.33
海　南	422 164.58	57.98	27.75
重　庆	449 467.74	46.47	37.97
四　川	668 581.92	48.00	38.63
贵　州	241 154.37	55.65	34.26
云　南	436 963.94	57.96	30.15
西　藏	66 236.83	65.52	19.85
陕　西	438 029.10	44.63	45.86
甘　肃	231 374.88	51.47	39.72
青　海	87 512.42	56.50	33.49
宁　夏	78 817.91	41.04	52.86
新　疆	363 620.67	43.62	41.97

5-7 全国星级饭店每间客房的收益

地 区	饭店数（家）	饭店规模		客 房出租率（%）	每间客房年收入（万元）
		客房数（间/套）	床位数（张）		
总 计	**11 180**	**1 497 899**	**2 624 815**	**54.20**	**14.36**
北 京	523	105 671	175 564	55.26	24.68
天 津	93	18 527	28 867	49.21	14.11
河 北	391	52 123	92 756	44.47	10.70
山 西	251	30 475	53 446	51.78	11.07
内蒙古	272	28 389	50 105	46.09	9.32
辽 宁	405	52 426	88 194	48.65	11.38
吉 林	187	18 538	33 233	46.04	9.88
黑龙江	203	21 401	38 870	44.18	8.79
上 海	240	57 428	86 777	63.70	32.95
江 苏	650	89 442	144 316	57.85	18.32
浙 江	792	114 016	190 586	54.76	19.32
安 徽	367	46 328	80 815	51.40	11.10
福 建	374	59 182	94 266	57.82	15.30
江 西	322	40 898	70 672	54.95	8.19
山 东	724	91 089	156 454	55.88	13.63
河 南	303	36 243	64 178	52.31	9.67
湖 北	416	48 221	87 302	57.26	10.32
湖 南	420	51 011	88 082	67.73	14.95
广 东	832	136 580	215 023	55.41	16.90
广 西	401	53 540	93 734	53.99	7.17
海 南	133	25 640	44 320	56.37	16.47
重 庆	236	31 163	52 125	56.24	14.42
四 川	388	52 049	86 494	57.61	12.85
贵 州	282	26 312	44 646	57.74	9.17
云 南	624	58 964	183 816	51.80	7.41
西 藏	113	9 956	20 116	51.12	6.65
陕 西	325	42 641	77 848	53.18	10.27
甘 肃	313	32 448	59 974	48.27	7.13
青 海	144	13 271	25 704	39.57	6.59
宁 夏	90	9 621	16 326	42.03	8.19
新 疆	366	44 306	80 206	46.28	8.21

5–8 全国星级饭店的人均效益

地 区	全员劳动生产率（万元/人）	人均实现利润（万元/人）	人均占用固定资产原价（万元/人）	年末从业人员（人）
总 计	**15.80**	**–0.43**	**36.78**	**1 361 869**
北 京	25.84	0.11	68.99	100 945
天 津	15.61	–1.01	23.70	16 741
河 北	11.00	–2.25	36.09	50 710
山 西	10.19	–1.54	27.97	33 096
内蒙古	11.41	–1.45	38.02	23 195
辽 宁	14.14	–2.11	43.76	42 203
吉 林	11.57	–1.94	39.97	15 819
黑龙江	12.64	–0.56	39.21	14 882
上 海	34.01	3.37	63.40	55 638
江 苏	18.15	–0.92	34.77	90 256
浙 江	20.50	–0.76	40.44	107 453
安 徽	13.35	–0.81	30.89	38 503
福 建	14.77	–0.02	24.66	61 333
江 西	10.82	–0.06	23.80	30 957
山 东	10.83	–0.54	26.65	114 676
河 南	11.05	–1.02	24.26	31 736
湖 北	13.18	–0.45	30.94	37 745
湖 南	15.33	–0.18	27.82	49 761
广 东	16.43	0.03	31.89	140 570
广 西	11.31	–0.87	29.59	33 954
海 南	20.34	1.81	49.57	20 751
重 庆	15.11	–0.88	30.92	29 753
四 川	13.88	–0.23	37.90	48 157
贵 州	11.94	–0.28	26.06	20 204
云 南	9.94	–0.02	38.14	43 977
西 藏	14.28	–0.13	73.34	4 638
陕 西	11.88	–0.45	32.23	36 877
甘 肃	9.76	–0.36	26.67	23 714
青 海	11.15	–0.54	27.71	7 846
宁 夏	10.71	–1.67	28.66	7 358
新 疆	12.79	–1.88	40.48	28 421

六、全国五星级饭店综合资料

6-1 全国五星级饭店

饭店注册登记类型	饭店数 （家）	客房数 （间/套）	床位数 （张）
合　计	**745**	**260 907**	**387 467**
国有企业	140	48 795	74 152
集体企业	7	2 505	4 085
股份合作企业	7	2 243	3 425
国有联营	1	195	354
集体联营	—	—	—
国有与集体联营	—	—	—
其他联营	3	828	1 270
国有独资公司	42	12 876	18 573
其他有限责任公司	34	13 636	19 440
股份有限公司	38	13 435	21 039
私营独资	58	17 646	27 076
私营合伙	14	4 626	6 674
私营有限责任公司	90	29 341	45 368
私营股份有限公司	19	5 589	9 395
其他	143	48 715	71 655
与港澳台商合资经营	32	17 063	23 035
与港澳台商合作经营	6	2 787	3 684
港澳台商独资	24	9 631	13 864
港澳台商投资股份有限公司	6	2 000	2 902
中外合资经营	35	12 589	17 955
中外合作经营	7	2 768	3 949
外资企业	35	12 264	17 778
外商投资股份有限公司	4	1 375	1 794

综合情况

客　房 出租率 （%）	营业收入 （万元）	营业税金 及 附 加 （万元）	固定资产 原　　价 （万元）
55.41	**7 651 469.61**	**436 682.30**	**18 952 338.91**
55.98	1 386 290.32	75 133.17	4 738 014.69
45.52	52 420.63	3 062.21	146 958.04
52.23	48 015.34	2 484.58	143 516.47
49.71	2 887.30	162.40	16 899.70
—	—	—	—
—	—	—	—
53.18	16 363.13	898.25	758.40
58.20	369 434.16	20 478.19	961 760.67
56.16	444 944.55	24 899.03	1 063 735.85
56.27	470 700.83	21 732.01	1 013 980.87
56.61	461 270.96	23 634.35	675 363.55
59.72	148 524.35	8 587.30	286 503.24
49.35	610 878.19	34 895.35	1 436 412.04
52.12	140 113.98	8 114.58	284 348.41
54.86	1 533 969.34	102 940.54	3 196 845.59
58.95	493 676.91	27 531.91	1 209 242.19
60.67	109 005.13	6 002.37	133 608.35
58.67	291 232.94	15 489.74	1 026 153.58
59.67	72 833.31	4 010.72	147 624.71
59.74	491 519.68	27 322.44	1 153 525.66
58.53	77 298.40	4 523.61	137 606.29
56.97	382 125.36	22 183.44	986 363.93
57.80	47 964.80	2 596.10	193 116.70

6-2 全国五星级饭店

地　区	总计	国有企业	集体企业	股份合作企业	国有联营	集体联营	国有与集体联营	其他联营	国有独资公司	其他有限责任公司	股份有限公司	私营独资
总　计	**745**	**140**	**7**	**7**	**1**	**0**	**0**	**3**	**42**	**34**	**38**	**58**
北　京	58	7	0	0	0	0	0	0	3	21	3	0
天　津	16	0	0	0	0	0	0	0	0	0	4	0
河　北	22	5	0	0	0	0	0	0	0	0	2	4
山　西	17	3	1	0	0	0	0	0	0	0	1	1
内蒙古	8	2	0	0	0	0	0	0	0	0	0	0
辽　宁	22	3	0	0	0	0	0	0	0	0	1	3
吉　林	3	0	0	0	0	0	0	1	0	0	0	0
黑龙江	5	0	0	0	0	0	0	0	0	0	0	1
上　海	59	17	2	0	0	0	0	0	5	0	1	3
江　苏	78	15	2	1	0	0	0	0	31	0	3	10
浙　江	72	8	0	2	0	0	0	2	0	0	6	6
安　徽	20	7	0	0	0	0	0	0	0	0	2	0
福　建	43	9	0	1	0	0	0	0	0	0	0	2
江　西	11	4	0	0	0	0	0	0	0	0	0	2
山　东	28	8	1	0	0	0	0	0	0	0	2	1
河　南	8	2	0	0	1	0	0	0	0	0	0	0
湖　北	19	4	0	1	0	0	0	0	0	0	2	3
湖　南	16	6	0	1	0	0	0	0	0	0	3	0
广　东	102	6	0	0	0	0	0	0	1	9	2	5
广　西	10	2	0	1	0	0	0	0	0	0	0	1
海　南	22	6	0	0	0	0	0	0	1	0	0	1
重　庆	27	3	0	0	0	0	0	0	0	0	2	7
四　川	20	4	0	0	0	0	0	0	0	4	1	1
贵　州	6	3	0	0	0	0	0	0	0	0	1	0
云　南	20	4	0	0	0	0	0	0	0	0	2	4
西　藏	1	0	0	0	0	0	0	0	0	0	0	0
陕　西	10	2	0	0	0	0	0	0	0	0	0	2
甘　肃	4	2	0	0	0	0	0	0	0	0	0	0
青　海	2	1	0	0	0	0	0	0	0	0	0	0
宁　夏	0	0	0	0	0	0	0	0	0	0	0	0
新　疆	16	7	1	0	0	0	0	0	1	0	0	1

的注册登记类型

单位：家

私营合伙	私营有限责任公司	私营股份有限公司	其他	与港澳台商合资经营	与港澳台商合作经营	港澳台商独资	港澳台商投资股份有限公司	中外合资经营	中外合作经营	外资企业	外商投资股份有限公司
14	**90**	**19**	**143**	**32**	**6**	**24**	**6**	**35**	**7**	**35**	**4**
0	0	1	0	10	2	1	0	8	2	0	0
0	0	0	12	0	0	0	0	0	0	0	0
0	6	0	4	0	0	0	0	1	0	0	0
1	4	0	5	1	0	0	0	0	0	0	0
0	3	0	1	0	0	1	0	0	0	0	1
0	2	1	6	2	0	1	0	1	0	2	0
0	0	0	1	0	0	0	0	0	0	1	0
0	0	1	2	0	0	0	0	0	0	1	0
0	4	1	22	0	0	0	0	0	0	4	0
0	0	0	2	4	0	3	0	3	0	3	1
4	16	1	10	2	0	4	4	6	0	0	1
0	3	3	3	0	0	1	0	0	0	1	0
3	7	2	5	2	0	2	0	3	2	5	0
0	2	0	2	0	0	0	1	0	0	0	0
0	3	1	8	1	0	1	0	2	0	0	0
0	1	0	3	1	0	0	0	0	0	0	0
0	2	1	2	0	1	1	0	1	0	1	0
0	3	1	2	0	0	0	0	0	0	0	0
5	14	2	32	3	3	4	1	5	2	8	0
0	1	1	2	0	0	2	0	0	0	0	0
0	3	2	1	3	0	0	0	2	0	3	0
1	6	0	3	2	0	0	0	0	0	2	1
0	3	0	4	0	0	2	0	0	0	1	0
0	0	0	2	0	0	0	0	0	0	0	0
0	3	0	5	1	0	0	0	0	0	1	0
0	0	0	0	0	0	0	0	0	0	1	0
0	0	0	1	0	0	1	0	2	1	1	0
0	1	1	0	0	0	0	0	0	0	0	0
0	1	0	0	0	0	0	0	0	0	0	0
0	0	0	0	0	0	0	0	0	0	0	0
0	2	0	3	0	0	0	0	1	0	0	0

6-3 全国五星级饭店的地区分布

地 区	饭店数（家）	客房数（间/套）	床位数（张）	客 房 出租率（%）	营业收入（万元）	营业税金及附加（万元）	固定资产原价（万元）
总 计	**745**	**260 907**	**387 467**	**55.41**	**7 651 469.61**	**436 682.30**	**18 952 338.91**
北 京	58	26 649	38 197	61.18	1 118 144.90	62 100.80	3 038 761.40
天 津	16	5 051	7 373	49.16	95 684.48	5 218.11	43 987.10
河 北	22	6 630	10 674	46.17	132 769.65	7 454.69	638 661.10
山 西	17	4 643	7 191	43.70	65 160.45	3 476.70	267 770.60
内蒙古	8	3 172	4 572	40.78	57 761.16	3 166.63	253 148.91
辽 宁	22	7 713	10 658	49.89	173 961.29	9 870.72	524 005.49
吉 林	3	1 083	1 578	58.25	28 911.80	1 524.50	101 831.90
黑龙江	5	1 149	1 720	59.49	37 831.10	2 166.20	59 833.40
上 海	59	25 461	35 237	62.69	1 192 671.13	86 972.06	2 166 689.27
江 苏	78	23 386	34 008	56.04	596 471.26	33 181.12	1 439 068.18
浙 江	72	22 530	34 117	53.68	752 750.02	37 611.02	1 702 827.76
安 徽	20	6 255	9 623	49.04	106 598.12	6 049.89	287 342.11
福 建	43	13 345	19 184	62.04	364 654.12	22 152.74	604 234.56
江 西	11	3 447	5 022	57.21	64 034.83	3 475.56	130 725.90
山 东	28	8 561	12 759	53.66	249 668.65	14 310.73	923 643.01
河 南	8	2 247	3 474	50.06	54 156.70	3 004.50	151 715.40
湖 北	19	5 977	8 460	54.22	125 133.63	8 211.13	334 609.46
湖 南	16	5 741	9 296	65.97	248 117.66	7 659.16	486 041.88
广 东	102	40 924	58 680	53.95	1 101 900.93	59 505.41	2 353 936.89
广 西	10	3 553	5 882	50.28	70 454.56	3 876.18	280 079.57
海 南	22	8 330	13 212	58.71	274 251.92	15 139.21	658 448.12
重 庆	27	8 062	12 931	56.34	180 565.83	9 873.77	475 903.33
四 川	20	7 662	11 855	50.37	178 004.56	8 961.36	602 621.61
贵 州	6	2 002	2 902	61.32	48 072.00	2 564.62	90 414.70
云 南	20	6 700	11 909	58.65	127 728.30	7 580.75	413 685.85
西 藏	1	162	240	37.31	5 380.90	308.60	67 754.50
陕 西	10	4 252	6 734	55.30	88 528.36	5 094.54	375 438.07
甘 肃	4	1 142	1 976	40.97	14 098.09	834.90	75 779.43
青 海	2	707	1 120	41.37	16 580.19	917.69	35 107.85
宁 夏	0	—	—	—	—	—	—
新 疆	16	4 371	6 883	40.98	81 423.03	4 419.03	368 271.57

6-4 全国五星级饭店的营业收入总额

单位：万元

地　区	营业收入	#客房	#餐饮
总　计	**7 651 469.61**	**3 383 853.62**	**3 064 704.81**
北　京	1 118 144.90	514 913.20	377 933.80
天　津	95 684.48	52 268.66	35 717.93
河　北	132 769.65	52 660.32	57 740.00
山　西	65 160.45	28 582.83	27 854.96
内蒙古	57 761.16	25 550.05	27 107.94
辽　宁	173 961.29	75 574.92	75 432.46
吉　林	28 911.80	13 052.60	12 142.70
黑龙江	37 831.10	21 265.70	13 957.40
上　海	1 192 671.13	558 594.03	437 544.72
江　苏	596 471.26	245 726.65	304 938.40
浙　江	752 750.02	242 316.62	375 610.02
安　徽	106 598.12	46 042.95	53 391.61
福　建	364 654.12	161 004.41	164 597.14
江　西	64 034.83	29 788.40	27 950.35
山　东	249 668.65	111 247.66	106 428.95
河　南	54 156.70	23 930.80	23 910.10
湖　北	125 133.63	65 193.30	46 841.56
湖　南	248 117.66	71 543.58	72 757.45
广　东	1 101 900.93	463 159.63	431 585.58
广　西	70 454.56	31 168.74	30 442.81
海　南	274 251.92	174 489.63	80 678.34
重　庆	180 565.83	86 903.60	71 014.48
四　川	178 004.56	94 326.49	60 366.61
贵　州	48 072.00	24 193.59	18 893.40
云　南	127 728.30	75 930.25	40 243.49
西　藏	5 380.90	3 478.30	1 599.00
陕　西	88 528.36	45 200.70	36 984.88
甘　肃	14 098.09	8 020.57	4 372.38
青　海	16 580.19	9 775.09	5 653.63
宁　夏	—	—	—
新　疆	81 423.03	27 950.35	41 012.72

6-5 全国五星级饭店的营业收入构成

地 区	营业收入（万元）	#客房（%）	#餐饮（%）
总 计	**7 651 469.61**	**44.22**	**40.05**
北 京	1 118 144.90	46.05	33.80
天 津	95 684.48	54.63	37.33
河 北	132 769.65	39.66	43.49
山 西	65 160.45	43.87	42.75
内蒙古	57 761.16	44.23	46.93
辽 宁	173 961.29	43.44	43.36
吉 林	28 911.80	45.15	42.00
黑龙江	37 831.10	56.21	36.89
上 海	1 192 671.13	46.84	36.69
江 苏	596 471.26	41.20	51.12
浙 江	752 750.02	32.19	49.90
安 徽	106 598.12	43.19	50.09
福 建	364 654.12	44.15	45.14
江 西	64 034.83	46.52	43.65
山 东	249 668.65	44.56	42.63
河 南	54 156.70	44.19	44.15
湖 北	125 133.63	52.10	37.43
湖 南	248 117.66	28.83	29.32
广 东	1 101 900.93	42.03	39.17
广 西	70 454.56	44.24	43.21
海 南	274 251.92	63.62	29.42
重 庆	180 565.83	48.13	39.33
四 川	178 004.56	52.99	33.91
贵 州	48 072.00	50.33	39.30
云 南	127 728.30	59.45	31.51
西 藏	5 380.90	64.64	29.72
陕 西	88 528.36	51.06	41.78
甘 肃	14 098.09	56.89	31.01
青 海	16 580.19	58.96	34.10
宁 夏	—	—	—
新 疆	81 423.03	34.33	50.37

6-6 全国五星级饭店每间客房的收益

地　区	饭店数（家）	饭店规模		客　房出租率（%）	每间客房年收入（万元）
		客房数（间/套）	床位数（张）		
总　计	**745**	**260 907**	**387 467**	**55.41**	**29.33**
北　京	58	26 649	38 197	61.18	41.96
天　津	16	5 051	7 373	49.16	18.94
河　北	22	6 630	10 674	46.17	20.03
山　西	17	4 643	7 191	43.70	14.03
内蒙古	8	3 172	4 572	40.78	18.21
辽　宁	22	7 713	10 658	49.89	22.55
吉　林	3	1 083	1 578	58.25	26.70
黑龙江	5	1 149	1 720	59.49	32.93
上　海	59	25 461	35 237	62.69	46.84
江　苏	78	23 386	34 008	56.04	25.51
浙　江	72	22 530	34 117	53.68	33.41
安　徽	20	6 255	9 623	49.04	17.04
福　建	43	13 345	19 184	62.04	27.33
江　西	11	3 447	5 022	57.21	18.58
山　东	28	8 561	12 759	53.66	29.16
河　南	8	2 247	3 474	50.06	24.10
湖　北	19	5 977	8 460	54.22	20.94
湖　南	16	5 741	9 296	65.97	43.22
广　东	102	40 924	58 680	53.95	26.93
广　西	10	3 553	5 882	50.28	19.83
海　南	22	8 330	13 212	58.71	32.92
重　庆	27	8 062	12 931	56.34	22.40
四　川	20	7 662	11 855	50.37	23.23
贵　州	6	2 002	2 902	61.32	24.01
云　南	20	6 700	11 909	58.65	19.06
西　藏	1	162	240	37.31	33.22
陕　西	10	4 252	6 734	55.30	20.82
甘　肃	4	1 142	1 976	40.97	12.35
青　海	2	707	1 120	41.37	23.45
宁　夏	0	—	—	—	—
新　疆	16	4 371	6 883	40.98	18.63

6-7 全国五星级饭店的人均效益

地　区	全员劳动生产率（万元/人）	人均实现利润（万元/人）	人均占用固定资产原价（万元/人）	年末从业人员（人）
总　计	**24.55**	**0.18**	**60.82**	**311 616**
北　京	35.07	1.16	95.32	31 881
天　津	20.07	0.44	9.23	4 768
河　北	16.57	-5.17	79.71	8 012
山　西	11.28	-2.66	46.37	5 775
内蒙古	15.71	-3.60	68.85	3 677
辽　宁	18.90	-2.53	56.93	9 204
吉　林	25.12	0.76	88.47	1 151
黑龙江	26.05	5.59	41.21	1 452
上　海	42.98	6.87	78.09	27 747
江　苏	22.61	-1.13	54.55	26 382
浙　江	26.40	-1.40	59.72	28 513
安　徽	16.90	-2.46	45.55	6 308
福　建	21.78	0.16	36.09	16 744
江　西	16.55	0.80	33.79	3 869
山　东	20.95	-0.64	77.51	11 916
河　南	16.21	-3.57	45.41	3 341
湖　北	21.10	-0.69	56.43	5 930
湖　南	34.96	-2.25	68.48	7 098
广　东	20.90	0.17	44.64	52 727
广　西	18.54	-1.32	73.69	3 801
海　南	28.74	3.98	69.01	9 541
重　庆	18.67	-1.52	49.22	9 669
四　川	19.35	1.21	65.52	9 197
贵　州	21.11	1.67	39.71	2 277
云　南	14.72	1.37	47.69	8 675
西　藏	27.18	-5.07	342.19	198
陕　西	19.80	-0.09	83.95	4 472
甘　肃	13.21	-2.44	71.02	1 067
青　海	18.08	-0.03	38.29	917
宁　夏	—	—	—	—
新　疆	15.34	-3.70	69.39	5 307

七、全国四星级饭店综合资料

7-1 全国四星级饭店

	饭店数 （家）	客房数 （间/套）	床位数 （张）
合　计	**2 373**	**469 737**	**782 336**
国有企业	574	117 640	204 763
集体企业	47	7 835	13 173
股份合作企业	60	11 228	19 205
国有联营	3	760	1 274
集体联营	2	310	482
国有与集体联营	1	151	290
其他联营	4	723	1 173
国有独资公司	115	23 353	36 040
其他有限责任公司	86	20 259	33 162
股份有限公司	173	33 288	54 243
私营独资	211	34 528	57 922
私营合伙	39	6 989	11 036
私营有限责任公司	491	88 654	148 671
私营股份有限公司	58	13 924	24 516
其他	357	71 221	116 429
与港澳台商合资经营	33	9 798	14 911
与港澳台商合作经营	9	3 187	5 470
港澳台商独资	34	9 542	15 115
港澳台商投资股份有限公司	6	748	1 168
中外合资经营	42	9 844	14 628
中外合作经营	7	1 478	2 381
外资企业	19	4 019	5 880
外商投资股份有限公司	2	258	404

综合情况

客房出租率（%）	营业收入（万元）	营业税金及附加（万元）	固定资产原价（万元）
54.75	**7 332 533.27**	**456 720.86**	**17 992 733.42**
55.81	2 082 293.72	112 520.25	5 847 459.52
54.41	129 043.17	7 180.47	413 913.13
47.84	145 073.93	8 067.15	311 586.53
38.35	7 329.57	313.25	34 941.41
59.27	3 793.90	213.60	5 507.60
24.37	1 885.91	108.05	24 662.73
54.21	5 352.42	331.61	20 114.80
61.48	461 070.74	25 172.65	814 957.77
55.93	409 288.49	22 381.60	1 001 606.21
55.75	520 743.22	28 978.18	1 253 086.60
52.72	392 997.97	20 675.55	973 387.43
57.70	102 823.19	5 690.10	193 660.81
52.90	1 134 347.12	113 166.47	2 350 952.33
52.98	114 570.10	6 426.24	287 755.99
54.73	1 082 274.67	59 384.01	2 412 307.30
58.16	218 148.24	13 231.61	555 078.73
58.41	62 433.55	3 471.45	180 992.08
54.57	116 205.29	6 968.54	300 346.81
60.25	19 887.29	1 694.00	94 983.10
53.23	217 452.60	14 316.79	597 298.39
59.07	45 739.80	2 534.40	108 869.40
62.69	57 799.78	3 785.20	206 124.54
58.09	1 978.60	109.70	3 140.20

7-2 全国四星级饭店

地 区	总计	国有企业	集体企业	股份合作企业	国有联营	集体联营	国有与集体联营	其他联营	国有独资公司	其他有限责任公司	股份有限公司	私营独资
总 计	**2 373**	**574**	**47**	**60**	**3**	**2**	**1**	**4**	**115**	**86**	**173**	**211**
北 京	126	29	4	1	0	0	0	0	4	52	4	0
天 津	34	0	0	1	0	0	0	0	0	0	3	0
河 北	126	37	1	3	1	0	0	0	0	0	7	13
山 西	61	12	2	2	0	0	0	0	0	0	11	9
内蒙古	34	10	0	1	0	0	0	0	1	0	1	2
辽 宁	76	10	2	1	0	0	0	1	1	0	3	10
吉 林	45	13	2	0	0	1	0	0	0	0	3	7
黑龙江	47	22	1	1	0	0	0	0	0	0	4	5
上 海	65	23	0	1	0	0	1	0	11	0	4	3
江 苏	178	36	4	3	0	0	0	0	87	0	11	22
浙 江	175	22	7	9	0	0	0	1	0	0	25	11
安 徽	102	28	1	5	1	0	0	0	0	0	8	8
福 建	129	26	2	2	0	0	0	0	0	0	5	13
江 西	91	22	2	1	0	0	0	0	0	0	5	6
山 东	153	61	5	3	0	1	0	0	0	0	21	2
河 南	47	18	1	3	0	0	0	0	0	0	0	4
湖 北	74	23	2	1	0	0	0	1	1	0	3	8
湖 南	54	17	1	0	1	0	0	0	0	0	6	6
广 东	147	16	3	0	0	0	0	0	4	15	6	8
广 西	63	9	0	1	0	0	0	1	1	0	6	11
海 南	38	7	0	3	0	0	0	0	0	0	1	3
重 庆	52	15	2	2	0	0	0	0	0	0	3	6
四 川	101	10	0	2	0	0	0	0	2	19	6	11
贵 州	50	9	0	4	0	0	0	0	2	0	4	6
云 南	59	17	1	3	0	0	0	0	0	0	5	10
西 藏	27	11	0	0	0	0	0	0	0	0	2	6
陕 西	44	14	0	1	0	0	0	0	0	0	2	1
甘 肃	56	22	2	0	0	0	0	0	0	0	2	5
青 海	27	6	1	1	0	0	0	0	0	0	4	3
宁 夏	31	5	0	2	0	0	0	0	1	0	2	4
新 疆	61	24	1	3	0	0	0	0	0	0	6	8

的注册登记类型

单位：家

私营合伙	私营有限责任公司	私营股份有限公司	其他	与港澳台商合资经营	与港澳台商合作经营	港澳台商独资	港澳台商投资股份有限公司	中外合资经营	中外合作经营	外资企业	外商投资股份有限公司
39	**491**	**58**	**357**	**33**	**9**	**34**	**6**	**42**	**7**	**19**	**2**
0	15	0	0	11	0	1	0	5	0	0	0
0	0	0	29	0	0	0	0	0	0	1	0
2	28	3	26	3	0	1	1	0	0	0	0
0	14	1	10	0	0	0	0	0	0	0	0
0	12	1	6	0	0	0	0	0	0	0	0
0	17	3	12	1	1	2	0	9	1	2	0
0	8	3	7	1	0	0	0	0	0	0	0
0	3	0	9	1	0	0	0	0	0	1	0
0	4	0	18	0	0	0	0	0	0	0	0
0	0	0	0	1	0	5	0	7	1	1	0
6	57	2	28	1	0	1	3	1	0	1	0
0	27	3	19	0	0	0	0	1	0	1	0
6	32	6	19	1	0	8	1	4	1	3	0
2	29	6	12	0	0	2	0	1	0	2	1
0	27	3	22	3	0	1	0	3	0	1	0
0	8	2	9	0	0	0	0	1	1	0	0
2	20	0	8	1	1	2	0	0	0	0	1
0	8	4	8	1	0	0	0	1	0	1	0
8	34	2	27	4	5	8	0	4	1	2	0
3	23	2	3	1	0	2	0	0	0	0	0
0	5	1	15	1	1	0	0	1	0	0	0
0	16	2	6	0	0	0	0	0	0	0	0
2	23	7	15	0	0	0	0	1	1	2	0
0	15	1	8	0	0	0	0	0	0	1	0
1	10	2	7	1	0	0	1	1	0	0	0
2	3	1	2	0	0	0	0	0	0	0	0
1	10	0	12	1	1	0	0	0	1	0	0
1	15	2	5	0	0	1	0	1	0	0	0
2	5	0	5	0	0	0	0	0	0	0	0
0	13	1	2	0	0	0	0	1	0	0	0
1	10	0	8	0	0	0	0	0	0	0	0

7-3 全国四星级饭店的地区分布

地 区	饭店数（家）	客房数（间/套）	床位数（张）	客房出租率（%）	营业收入（万元）	营业税金及附加（万元）	固定资产原价（万元）
总 计	**2 373**	**469 737**	**782 336**	**54.75**	**7 332 533.27**	**456 720.86**	**17 992 733.42**
北 京	126	34 582	56 127	56.31	840 262.40	48 503.50	2 450 194.70
天 津	34	7 985	12 032	50.13	107 839.65	5 784.05	229 417.98
河 北	126	21 075	36 038	44.70	243 732.60	14 391.26	737 027.79
山 西	61	8 958	15 094	52.28	125 017.81	5 673.82	364 658.17
内蒙古	34	6 149	10 271	51.93	77 378.36	3 963.83	277 883.44
辽 宁	76	15 270	24 317	48.61	201 942.22	11 928.87	760 394.66
吉 林	45	7 066	12 151	48.10	88 755.83	5 105.15	328 164.54
黑龙江	47	7 637	12 910	46.08	86 708.83	9 824.32	329 211.37
上 海	65	17 911	27 803	67.73	493 999.70	24 653.21	956 438.31
江 苏	178	32 435	51 412	57.69	602 340.49	32 234.92	1 200 696.62
浙 江	175	35 920	57 971	57.85	854 368.01	43 645.92	1 582 650.44
安 徽	102	18 427	32 061	49.50	223 374.06	11 876.84	565 310.15
福 建	129	25 202	39 913	57.03	339 906.06	18 556.24	618 581.91
江 西	91	15 833	27 118	54.49	151 954.35	7 686.02	369 037.25
山 东	153	28 907	46 926	56.09	485 910.12	29 480.97	1 214 765.65
河 南	47	9 161	15 628	46.36	93 905.23	5 385.59	252 206.68
湖 北	74	14 211	28 654	56.97	175 133.31	9 774.10	428 223.83
湖 南	54	12 641	21 420	66.48	224 905.47	8 616.27	417 595.66
广 东	147	32 548	51 185	56.90	571 428.99	33 765.03	1 102 874.29
广 西	63	16 748	29 907	55.41	145 390.17	7 707.89	321 870.61
海 南	38	9 222	16 324	55.22	108 856.99	5 540.08	284 181.87
重 庆	52	9 214	14 983	61.25	153 883.07	7 740.15	221 586.92
四 川	101	18 797	30 594	57.38	251 659.04	14 094.82	783 193.37
贵 州	50	8 583	14 174	57.78	97 101.85	5 291.92	156 498.85
云 南	59	10 775	19 554	55.10	124 412.88	8 700.58	648 343.72
西 藏	27	4 081	7 192	43.93	32 669.99	1 725.96	171 997.11
陕 西	44	10 500	18 161	53.21	133 706.44	7 234.88	395 250.72
甘 肃	56	9 279	15 997	48.15	85 011.59	4 715.08	270 537.39
青 海	27	4 117	7 365	41.01	39 985.36	1 901.08	77 519.87
宁 夏	31	4 614	7 572	39.55	43 126.09	2 285.23	129 623.93
新 疆	61	11 889	21 482	47.31	127 866.29	58 933.29	346 795.61

7-4 全国四星级饭店的营业收入总额

单位：万元

地 区	营业收入		
		#客房	#餐饮
总 计	**7 332 533.27**	**3 129 645.97**	**2 989 907.82**
北 京	840 262.40	393 711.70	242 412.70
天 津	107 839.65	51 056.44	41 204.39
河 北	243 732.60	93 753.67	111 244.38
山 西	125 017.81	40 613.32	53 019.51
内蒙古	77 378.36	34 073.80	40 230.99
辽 宁	201 942.22	88 104.38	92 027.78
吉 林	88 755.83	36 073.77	40 478.01
黑龙江	86 708.83	40 159.18	34 260.55
上 海	493 999.70	224 661.56	152 029.01
江 苏	602 340.49	211 235.41	338 301.99
浙 江	854 368.01	287 173.58	397 467.97
安 徽	223 374.06	99 555.59	104 060.94
福 建	339 906.06	157 773.38	149 451.42
江 西	151 954.35	77 719.17	59 388.30
山 东	485 910.12	179 796.43	226 923.25
河 南	93 905.23	39 533.70	34 121.86
湖 北	175 133.31	83 379.64	65 773.58
湖 南	224 905.47	92 026.72	79 958.51
广 东	571 428.99	250 283.29	233 162.86
广 西	145 390.17	64 762.23	60 485.01
海 南	108 856.99	49 401.53	22 818.57
重 庆	153 883.07	68 957.24	55 537.16
四 川	251 659.04	124 072.76	96 372.06
贵 州	97 101.85	54 048.52	34 361.01
云 南	124 412.88	68 747.97	38 478.13
西 藏	32 669.99	19 004.50	8 127.51
陕 西	133 706.44	63 210.41	58 033.26
甘 肃	85 011.59	46 525.67	32 028.68
青 海	39 985.36	19 990.60	15 989.12
宁 夏	43 126.09	18 320.52	22 658.82
新 疆	127 866.29	51 919.31	49 500.50

7-5 全国四星级饭店的营业收入构成

地　区	营业收入（万元）	#客房（%）	#餐饮（%）
总　计	**7 332 533.27**	**42.68**	**40.78**
北　京	840 262.40	46.86	28.85
天　津	107 839.65	47.34	38.21
河　北	243 732.60	38.47	45.64
山　西	125 017.81	32.49	42.41
内蒙古	77 378.36	44.04	51.99
辽　宁	201 942.22	43.63	45.57
吉　林	88 755.83	40.64	45.61
黑龙江	86 708.83	46.31	39.51
上　海	493 999.70	45.48	30.78
江　苏	602 340.49	35.07	56.16
浙　江	854 368.01	33.61	46.52
安　徽	223 374.06	44.57	46.59
福　建	339 906.06	46.42	43.97
江　西	151 954.35	51.15	39.08
山　东	485 910.12	37.00	46.70
河　南	93 905.23	42.10	36.34
湖　北	175 133.31	47.61	37.56
湖　南	224 905.47	40.92	35.55
广　东	571 428.99	43.80	40.80
广　西	145 390.17	44.54	41.60
海　南	108 856.99	45.38	20.96
重　庆	153 883.07	44.81	36.09
四　川	251 659.04	49.30	38.29
贵　州	97 101.85	55.66	35.39
云　南	124 412.88	55.26	30.93
西　藏	32 669.99	58.17	24.88
陕　西	133 706.44	47.28	43.40
甘　肃	85 011.59	54.73	37.68
青　海	39 985.36	49.99	39.99
宁　夏	43 126.09	42.48	52.54
新　疆	127 866.29	40.60	38.71

7-6 全国四星级饭店每间客房的收益

地　区	饭店数（家）	饭店规模		客房出租率（%）	每间客房年收入（万元）
		客房数（间/套）	床位数（张）		
总　计	**2 373**	**469 737**	**782 336**	**54.75**	**15.61**
北　京	126	34 582	56 127	56.31	24.30
天　津	34	7 985	12 032	50.13	13.51
河　北	126	21 075	36 038	44.70	11.57
山　西	61	8 958	15 094	52.28	13.96
内蒙古	34	6 149	10 271	51.93	12.58
辽　宁	76	15 270	24 317	48.61	13.22
吉　林	45	7 066	12 151	48.10	12.56
黑龙江	47	7 637	12 910	46.08	11.35
上　海	65	17 911	27 803	67.73	27.58
江　苏	178	32 435	51 412	57.69	18.57
浙　江	175	35 920	57 971	57.85	23.79
安　徽	102	18 427	32 061	49.50	12.12
福　建	129	25 202	39 913	57.03	13.49
江　西	91	15 833	27 118	54.49	9.60
山　东	153	28 907	46 926	56.09	16.81
河　南	47	9 161	15 628	46.36	10.25
湖　北	74	14 211	28 654	56.97	12.32
湖　南	54	12 641	21 420	66.48	17.79
广　东	147	32 548	51 185	56.90	17.56
广　西	63	16 748	29 907	55.41	8.68
海　南	38	9 222	16 324	55.22	11.80
重　庆	52	9 214	14 983	61.25	16.70
四　川	101	18 797	30 594	57.38	13.39
贵　州	50	8 583	14 174	57.78	11.31
云　南	59	10 775	19 554	55.10	11.55
西　藏	27	4 081	7 192	43.93	8.01
陕　西	44	10 500	18 161	53.21	12.73
甘　肃	56	9 279	15 997	48.15	9.16
青　海	27	4 117	7 365	41.01	9.71
宁　夏	31	4 614	7 572	39.55	9.35
新　疆	61	11 889	21 482	47.31	10.76

7-7 全国四星级饭店的人均效益

地　区	全员劳动生产率（万元/人）	人均实现利润（万元/人）	人均占用固定资产原价（万元/人）	年末从业人员（人）
总　计	**15.64**	**-0.90**	**38.38**	**468 810**
北　京	23.77	-0.21	69.30	35 354
天　津	15.20	-1.94	32.33	7 097
河　北	10.61	-2.43	32.08	22 978
山　西	11.78	-1.64	34.37	10 609
内蒙古	11.98	-1.82	43.01	6 461
辽　宁	14.75	-2.65	55.56	13 687
吉　林	11.59	-3.36	42.85	7 659
黑龙江	12.62	-2.06	47.93	6 869
上　海	27.92	0.68	54.06	17 693
江　苏	17.22	-1.11	34.33	34 974
浙　江	21.52	-0.55	39.86	39 706
安　徽	13.96	-0.79	35.34	15 997
福　建	12.89	-0.07	23.46	26 372
江　西	9.92	-0.69	24.10	15 314
山　东	14.83	-1.17	37.08	32 763
河　南	10.95	-1.53	29.40	8 577
湖　北	14.07	-0.70	34.39	12 451
湖　南	16.12	0.19	29.94	13 948
广　东	15.81	-0.19	30.51	36 152
广　西	12.33	-1.11	27.30	11 788
海　南	14.90	0.48	38.90	7 305
重　庆	16.60	-0.82	23.91	9 268
四　川	12.77	-1.14	39.74	19 706
贵　州	12.80	-1.20	20.63	7 585
云　南	11.42	-0.45	59.50	10 896
西　藏	13.26	-1.07	69.80	2 464
陕　西	12.58	-0.68	37.20	10 626
甘　肃	10.02	-0.74	31.90	8 482
青　海	11.36	-0.89	22.02	3 521
宁　夏	11.27	-2.02	33.87	3 827
新　疆	14.73	-2.17	39.95	8 681

八、全国三星级饭店综合资料

8-1 全国三星级饭店

饭店注册登记类型	饭店数 （家）	客房数 （间/套）	床位数 （张）
合　计	**5 406**	**592 338**	**1 130 479**
国有企业	1 318	160 689	291 556
集体企业	207	22 986	42 077
股份合作企业	139	13 939	24 603
国有联营	7	474	889
集体联营	10	831	1 468
国有与集体联营	3	232	447
其他联营	6	506	883
国有独资公司	152	15 912	27 437
其他有限责任公司	162	21 827	37 971
股份有限公司	308	35 274	62 008
私营独资	966	87 457	155 543
私营合伙	205	20 079	34 446
私营有限责任公司	1 014	109 785	270 626
私营股份有限公司	111	11 915	20 811
其他	672	73 570	131 045
与港澳台商合资经营	26	4 002	6 817
与港澳台商合作经营	8	1 259	1 842
港澳台商独资	22	2 729	4 904
港澳台商投资股份有限公司	6	918	1 667
中外合资经营	29	3 191	5 545
中外合作经营	10	1 359	2 365
外资企业	16	2 161	3 510
外商投资股份有限公司	9	1 243	2 019

综合情况

客房出租率（%）	营业收入（万元）	营业税金及附加（万元）	固定资产原价（万元）
53.55	**5 455 417.39**	**294 140.38**	**11 222 585.73**
54.82	1 710 377.91	90 725.18	3 884 441.66
51.96	255 990.21	14 139.99	558 563.79
55.95	122 312.40	6 232.81	177 731.93
44.57	2 816.28	170.98	11 765.77
68.44	5 609.53	335.73	19 753.10
61.90	2 132.96	137.89	1 358.94
62.99	5 993.70	344.90	4 955.00
57.80	204 434.62	11 169.71	331 776.68
54.54	273 434.48	14 766.87	576 339.92
54.34	305 913.48	16 311.03	739 130.12
51.40	606 569.65	32 548.98	1 159 929.28
55.84	164 396.32	8 769.74	300 397.00
51.58	854 371.80	46 780.84	1 595 925.95
55.05	75 196.90	3 511.14	126 308.64
52.88	683 367.30	38 003.29	1 320 951.22
57.18	55 070.39	3 083.51	128 705.67
58.93	18 212.43	1 020.83	17 926.66
55.83	27 110.90	1 490.20	53 901.49
53.05	9 074.20	463.90	13 818.50
53.83	29 272.10	1 688.31	72 944.34
45.66	16 950.02	970.63	62 754.68
60.64	15 079.08	784.24	39 084.19
65.48	11 730.73	689.69	24 121.20

8-2 全国三星级饭店

地　区	总计	国有企业	集体企业	股份合作企业	国有联营	集体联营	国有与集体联营	其他联营	国有独资公司	其他有限责任公司	股份有限公司	私营独资
总　计	5 406	1 318	207	139	7	10	3	6	152	162	308	966
北　京	195	73	20	4	0	0	0	0	8	66	1	1
天　津	37	0	0	0	0	0	0	0	0	0	1	1
河　北	183	66	8	5	0	0	1	0	0	0	6	25
山　西	125	48	3	3	0	0	1	0	1	0	10	13
内蒙古	104	24	3	1	1	0	0	0	0	0	9	21
辽　宁	211	72	9	1	0	1	0	1	0	0	10	46
吉　林	92	27	13	2	0	0	0	0	0	0	4	15
黑龙江	105	36	2	6	1	0	0	0	0	0	4	24
上　海	83	36	9	1	0	0	0	0	4	0	5	2
江　苏	292	56	7	8	0	0	0	0	108	0	21	80
浙　江	329	46	19	9	0	2	1	0	1	0	29	35
安　徽	167	36	3	7	0	0	0	0	1	0	8	28
福　建	175	41	7	5	0	0	0	1	0	0	7	15
江　西	181	57	1	3	0	0	0	0	0	0	17	31
山　东	432	133	30	12	0	2	0	3	0	0	31	48
河　南	180	39	12	2	0	0	0	0	1	0	15	34
湖　北	190	43	5	9	1	0	0	0	2	0	11	31
湖　南	198	45	3	12	0	0	0	0	0	0	13	42
广　东	491	58	12	5	2	1	0	0	14	68	17	71
广　西	231	50	3	4	1	0	0	0	1	0	7	71
海　南	60	19	0	1	0	1	0	0	0	0	0	8
重　庆	120	30	5	2	0	0	0	0	1	0	6	16
四　川	148	22	3	0	1	0	0	0	3	28	15	21
贵　州	125	22	1	3	0	0	0	0	0	0	11	46
云　南	225	49	6	4	0	0	0	0	1	0	9	84
西　藏	33	6	1	0	0	2	0	0	0	0	3	8
陕　西	205	55	5	20	0	1	0	0	3	0	16	21
甘　肃	160	37	8	2	0	0	0	1	1	0	12	39
青　海	66	12	2	2	0	0	0	0	0	0	0	20
宁　夏	51	8	2	3	0	0	0	0	1	0	3	8
新　疆	212	72	5	3	0	0	0	0	1	0	7	61

的注册登记类型

单位：家

私营合伙	私营有限责任公司	私营股份有限公司	其他	与港澳台商合资经营	与港澳台商合作经营	港澳台商独资	港澳台商投资股份有限公司	中外合资经营	中外合作经营	外资企业	外商投资股份有限公司
205	1 014	111	672	26	8	22	6	29	10	16	9
0	18	0	0	3	0	0	0	0	1	0	0
0	1	0	34	0	0	0	0	0	0	0	0
0	37	4	28	0	0	0	0	1	0	2	0
1	29	5	10	1	0	0	0	0	0	0	0
2	32	1	10	0	0	0	0	0	0	0	0
2	31	3	21	1	0	1	1	7	0	3	1
0	22	0	9	0	0	0	0	0	0	0	0
0	18	2	12	0	0	0	0	0	0	0	0
0	12	0	14	0	0	0	0	0	0	0	0
0	0	0	7	1	0	1	0	1	1	0	1
28	106	6	39	0	0	0	1	1	1	2	3
5	45	6	23	2	0	2	1	0	0	0	0
18	44	4	17	5	0	3	0	6	0	2	0
10	36	8	14	1	0	0	0	1	0	1	1
4	91	6	62	1	0	2	0	6	0	0	1
4	32	4	37	0	0	0	0	0	0	0	0
13	32	8	31	0	0	1	0	0	0	3	0
12	38	18	9	1	0	2	2	0	0	1	0
31	78	9	95	5	8	6	1	3	5	1	1
20	47	5	19	0	0	2	0	0	1	0	0
1	16	1	12	0	0	1	0	0	0	0	0
12	25	4	18	1	0	0	0	0	0	0	0
4	29	3	18	1	0	0	0	0	0	0	0
7	20	1	12	1	0	1	0	0	0	0	0
10	35	3	19	1	0	0	0	2	0	1	1
1	8	0	4	0	0	0	0	0	0	0	0
4	38	2	37	1	0	0	0	1	1	0	0
0	37	6	17	0	0	0	0	0	0	0	0
5	10	0	15	0	0	0	0	0	0	0	0
4	17	0	5	0	0	0	0	0	0	0	0
7	30	2	24	0	0	0	0	0	0	0	0

8-3 全国三星级饭店的地区分布

地　区	饭店数（家）	客房数（间/套）	床位数（张）	客　房出租率（%）	营业收入（万元）	营业税金及附加（万元）	固定资产原　价（万元）
总　计	**5 406**	**592 338**	**1 130 479**	**53.55**	**5 455 417.39**	**294 140.38**	**11 222 585.73**
北　京	195	32 287	58 099	51.30	515 883.70	27 732.20	1 317 809.90
天　津	37	4 919	8 171	47.38	54 003.12	3 382.06	112 960.24
河　北	183	20 228	37 377	44.16	151 115.93	8 083.16	403 595.93
山　西	125	13 570	24 715	54.65	129 117.81	6 981.76	262 604.07
内蒙古	104	11 138	20 022	44.80	90 150.85	4 532.37	209 151.86
辽　宁	211	22 662	40 550	47.85	187 379.67	9 114.73	489 985.70
吉　林	92	7 717	14 344	44.75	54 147.57	3 019.66	156 299.36
黑龙江	105	9 718	18 622	42.62	56 813.05	3 673.91	166 026.36
上　海	83	11 317	19 079	58.51	177 377.50	8 546.55	367 837.81
江　苏	292	27 404	47 818	58.48	373 148.19	19 636.02	456 115.39
浙　江	329	39 729	70 721	54.19	494 779.31	28 213.89	919 643.27
安　徽	167	16 744	30 265	54.41	147 857.88	8 373.04	266 701.33
福　建	175	18 825	31 977	56.11	183 792.62	11 457.82	269 225.84
江　西	181	18 989	33 953	55.16	111 675.31	4 690.50	221 137.70
山　东	432	47 054	84 323	56.39	456 400.02	24 514.19	832 088.92
河　南	180	19 746	35 454	54.69	175 194.03	9 627.43	320 699.29
湖　北	190	19 702	34 865	58.60	148 422.13	7 632.78	329 720.11
湖　南	198	23 070	40 606	68.76	236 914.24	9 363.76	388 087.52
广　东	491	55 811	92 881	54.73	574 677.84	31 963.67	939 457.09
广　西	231	26 304	45 647	54.08	139 428.32	7 258.35	354 701.39
海　南	60	7 167	13 005	55.29	36 826.50	1 876.42	79 834.77
重　庆	120	11 558	20 088	53.60	101 108.65	6 600.98	197 468.03
四　川	148	17 041	29 265	58.75	173 075.23	9 319.40	337 190.09
贵　州	125	11 215	19 877	56.17	71 751.80	3 664.08	211 342.51
云　南	225	22 896	116 061	48.88	118 325.07	7 841.03	431 135.10
西　藏	33	2 926	6 845	55.39	15 633.32	583.28	60 961.38
陕　西	205	23 488	44 417	51.85	176 135.17	10 829.08	382 342.54
甘　肃	160	16 317	31 274	48.88	104 160.15	4 874.00	226 934.30
青　海	66	5 863	11 455	39.19	25 169.83	1 384.31	94 873.21
宁　夏	51	4 509	7 892	44.37	35 095.79	1 900.03	80 024.28
新　疆	212	22 424	40 811	48.36	139 856.81	7 469.90	336 630.46

8-4　全国三星级饭店的营业收入总额

单位：万元

地　区	营业收入	#客房	#餐饮
总　计	**5 455 417.39**	**2 336 513.54**	**2 373 678.72**
北　京	515 883.70	240 046.10	145 022.00
天　津	54 003.12	19 204.83	21 339.41
河　北	151 115.93	61 625.48	75 014.97
山　西	129 117.81	54 563.70	58 796.35
内蒙古	90 150.85	33 895.59	44 805.11
辽　宁	187 379.67	77 497.18	80 233.98
吉　林	54 147.57	24 728.61	24 854.75
黑龙江	56 813.05	30 483.64	17 253.45
上　海	177 377.50	79 269.69	56 326.78
江　苏	373 148.19	111 780.97	226 954.63
浙　江	494 779.31	189 620.52	246 749.93
安　徽	147 857.88	57 639.80	75 903.62
福　建	183 792.62	72 466.56	79 531.24
江　西	111 675.31	56 852.50	44 653.82
山　东	456 400.02	168 665.39	247 402.98
河　南	175 194.03	63 116.40	92 409.20
湖　北	148 422.13	73 837.91	62 164.54
湖　南	236 914.24	106 520.44	94 597.47
广　东	574 677.84	254 995.03	237 767.92
广　西	139 428.32	71 901.93	54 722.24
海　南	36 826.50	19 336.15	13 061.29
重　庆	101 108.65	47 284.08	37 047.22
四　川	173 075.23	75 602.06	70 302.35
贵　州	71 751.80	41 500.63	21 396.68
云　南	118 325.07	67 017.52	35 125.65
西　藏	15 633.32	12 303.41	1 877.41
陕　西	176 135.17	74 270.51	83 605.57
甘　肃	104 160.15	51 276.04	41 445.76
青　海	25 169.83	15 698.36	7 284.42
宁　夏	35 095.79	13 435.83	19 002.75
新　疆	139 856.81	70 076.69	57 025.25

8-5 全国三星级饭店的营业收入构成

地　区	营业收入（万元）	#客房（%）	#餐饮（%）
总　计	**5 455 417.39**	**42.83**	**43.51**
北　京	515 883.70	46.53	28.11
天　津	54 003.12	35.56	39.52
河　北	151 115.93	40.78	49.64
山　西	129 117.81	42.26	45.54
内蒙古	90 150.85	37.60	49.70
辽　宁	187 379.67	41.36	42.82
吉　林	54 147.57	45.67	45.90
黑龙江	56 813.05	53.66	30.37
上　海	177 377.50	44.69	31.76
江　苏	373 148.19	29.96	60.82
浙　江	494 779.31	38.32	49.87
安　徽	147 857.88	38.98	51.34
福　建	183 792.62	39.43	43.27
江　西	111 675.31	50.91	39.99
山　东	456 400.02	36.96	54.21
河　南	175 194.03	36.03	52.75
湖　北	148 422.13	49.75	41.88
湖　南	236 914.24	44.96	39.93
广　东	574 677.84	44.37	41.37
广　西	139 428.32	51.57	39.25
海　南	36 826.50	52.51	35.47
重　庆	101 108.65	46.77	36.64
四　川	173 075.23	43.68	40.62
贵　州	71 751.80	57.84	29.82
云　南	118 325.07	56.64	29.69
西　藏	15 633.32	78.70	12.01
陕　西	176 135.17	42.17	47.47
甘　肃	104 160.15	49.23	39.79
青　海	25 169.83	62.37	28.94
宁　夏	35 095.79	38.28	54.15
新　疆	139 856.81	50.11	40.77

8-6 全国三星级饭店每间客房的收益

地 区	饭店数（家）	饭店规模		客房出租率（%）	每间客房年收入（万元）
		客房数（间/套）	床位数（张）		
总 计	**5 406**	**592 338**	**1 130 479**	**53.55**	**9.21**
北 京	195	32 287	58 099	51.30	15.98
天 津	37	4 919	8 171	47.38	10.98
河 北	183	20 228	37 377	44.16	7.47
山 西	125	13 570	24 715	54.65	9.51
内蒙古	104	11 138	20 022	44.80	8.09
辽 宁	211	22 662	40 550	47.85	8.27
吉 林	92	7 717	14 344	44.75	7.02
黑龙江	105	9 718	18 622	42.62	5.85
上 海	83	11 317	19 079	58.51	15.67
江 苏	292	27 404	47 818	58.48	13.62
浙 江	329	39 729	70 721	54.19	12.45
安 徽	167	16 744	30 265	54.41	8.83
福 建	175	18 825	31 977	56.11	9.76
江 西	181	18 989	33 953	55.16	5.88
山 东	432	47 054	84 323	56.39	9.70
河 南	180	19 746	35 454	54.69	8.87
湖 北	190	19 702	34 865	58.60	7.53
湖 南	198	23 070	40 606	68.76	10.27
广 东	491	55 811	92 881	54.73	10.30
广 西	231	26 304	45 647	54.08	5.30
海 南	60	7 167	13 005	55.29	5.14
重 庆	120	11 558	20 088	53.60	8.75
四 川	148	17 041	29 265	58.75	10.16
贵 州	125	11 215	19 877	56.17	6.40
云 南	225	22 896	116 061	48.88	5.17
西 藏	33	2 926	6 845	55.39	5.34
陕 西	205	23 488	44 417	51.85	7.50
甘 肃	160	16 317	31 274	48.88	6.38
青 海	66	5 863	11 455	39.19	4.29
宁 夏	51	4 509	7 892	44.37	7.78
新 疆	212	22 424	40 811	48.36	6.24

8-7 全国三星级饭店的人均效益

地　区	全员劳动生产率（万元/人）	人均实现利润（万元/人）	人均占用固定资产原价（万元/人）	年末从业人员（人）
总　计	**11.29**	**-0.52**	**23.22**	**483 339**
北　京	19.55	-0.94	49.94	26 387
天　津	11.66	-1.10	24.39	4 632
河　北	9.13	-0.99	24.38	16 553
山　西	9.26	-1.24	18.82	13 950
内蒙古	10.75	-1.29	24.95	8 384
辽　宁	11.83	-1.66	30.93	15 843
吉　林	9.97	-0.96	28.79	5 429
黑龙江	10.57	-0.31	30.89	5 375
上　海	20.34	-1.93	42.18	8 720
江　苏	14.98	-0.57	18.31	24 904
浙　江	15.43	-0.71	28.69	32 060
安　徽	11.75	-0.08	21.19	12 588
福　建	10.89	-0.18	15.95	16 883
江　西	10.09	0.47	19.98	11 066
山　东	6.96	-0.25	12.69	65 578
河　南	10.44	-0.43	19.10	16 789
湖　北	9.61	-0.22	21.35	15 446
湖　南	11.53	0.02	18.88	20 551
广　东	12.09	-0.12	19.77	47 528
广　西	9.17	-0.74	23.33	15 202
海　南	10.20	-1.01	22.12	3 609
重　庆	10.69	-0.46	20.88	9 458
四　川	12.28	-0.22	23.92	14 095
贵　州	9.35	-0.22	27.54	7 675
云　南	7.79	-0.38	28.37	15 196
西　藏	17.85	0.96	69.59	876
陕　西	9.13	-0.47	19.82	19 291
甘　肃	9.69	0.09	21.11	10 748
青　海	9.85	-0.76	37.13	2 555
宁　夏	10.36	-1.35	23.61	3 389
新　疆	11.12	-1.24	26.76	12 579

九、全国二星级饭店综合资料

9-1 全国二星级饭店

	饭店数 （家）	客房数 （间/套）	床位数 （张）
合　计	**2 557**	**170 001**	**315 113**
国有企业	623	45 809	86 749
集体企业	127	8 386	16 004
股份合作企业	66	5 098	11 445
国有联营	5	250	419
集体联营	5	326	605
国有与集体联营	3	179	339
其他联营	3	161	321
国有独资公司	45	3 063	5 674
其他有限责任公司	60	5 349	9 440
股份有限公司	116	8 661	15 758
私营独资	759	42 147	77 002
私营合伙	127	7 347	13 079
私营有限责任公司	374	25 900	47 363
私营股份有限公司	43	2 997	5 489
其他	187	13 165	23 445
与港澳台商合资经营	2	272	386
与港澳台商合作经营	2	115	226
港澳台商独资	1	72	144
港澳台商投资股份有限公司	0	—	—
中外合资经营	2	252	428
中外合作经营	1	52	90
外资企业	4	283	491
外商投资股份有限公司	2	117	216

综合情况

客 房 出租率 （%）	营业收入 （万元）	营业税金 及 附 加 （万元）	固定资产 原 价 （万元）
53.25	**1 056 429.99**	**64 401.92**	**1 879 099.05**
51.97	303 210.00	16 515.50	585 908.52
53.36	51 505.38	3 044.82	87 698.48
47.83	22 425.69	1 283.53	63 778.95
52.70	1 022.37	59.34	2 014.18
63.05	1 391.95	73.21	1 164.43
52.15	1 287.50	84.50	1 111.80
47.63	1 158.30	63.40	6 576.40
59.53	36 215.38	2 287.79	20 233.24
61.41	79 408.37	4 397.18	36 613.99
58.08	53 560.71	2 740.91	73 549.73
51.87	198 316.71	17 574.25	507 379.05
54.23	42 204.16	2 706.05	55 340.61
52.44	147 456.97	7 592.17	240 840.37
55.43	14 774.88	621.73	25 491.25
57.78	89 848.47	4 585.08	139 784.15
68.23	8 199.20	455.80	17 447.80
71.61	421.93	41.16	2 015.78
75.57	1 082.20	61.10	1 916.40
—	—	—	—
37.12	1 499.10	129.60	6 556.50
48.08	83.30	4.50	1 357.80
58.03	870.20	57.60	438.70
46.90	487.21	22.71	1 880.92

9-2 全国二星级饭店

地　区	总计	国有企业	集体企业	股份合作企业	国有联营	集体联营	国有与集体联营	其他联营	国有独资公司	其他有限责任公司	股份有限公司	私营独资
总　计	**2 557**	**623**	**127**	**66**	**5**	**5**	**3**	**3**	**45**	**60**	**116**	**759**
北　京	139	39	8	10	0	0	0	0	4	45	1	1
天　津	6	0	0	0	0	0	0	0	0	0	0	0
河　北	58	32	4	1	0	0	0	0	0	0	3	9
山　西	48	21	1	2	0	0	0	0	0	0	4	8
内蒙古	125	18	6	2	0	0	0	1	0	0	4	51
辽　宁	93	26	10	1	1	0	0	0	1	0	4	19
吉　林	47	17	5	0	0	0	0	0	0	0	0	14
黑龙江	44	18	1	0	1	0	0	0	0	0	1	16
上　海	32	10	2	1	0	0	0	0	0	0	4	3
江　苏	102	12	6	0	0	0	0	0	37	0	9	32
浙　江	203	26	12	11	0	0	0	0	0	0	6	39
安　徽	77	19	7	2	0	0	0	0	0	0	9	21
福　建	26	12	2	0	0	0	0	0	1	0	0	5
江　西	39	14	1	3	0	0	0	0	0	0	4	6
山　东	111	26	7	7	0	0	0	0	0	0	11	23
河　南	66	26	9	3	0	0	0	0	0	0	2	5
湖　北	132	35	3	2	0	0	0	0	0	0	6	31
湖　南	146	22	2	4	0	0	0	0	0	0	8	67
广　东	89	26	5	1	1	1	0	1	1	3	4	14
广　西	96	22	5	2	0	1	0	0	0	0	3	38
海　南	10	0	1	0	0	0	0	0	0	0	1	2
重　庆	37	10	1	1	0	0	0	0	0	0	0	12
四　川	116	13	1	2	0	0	0	0	0	12	12	35
贵　州	86	24	0	0	1	0	0	0	0	0	1	40
云　南	298	49	16	7	0	3	0	1	0	0	11	162
西　藏	48	9	5	0	1	0	0	0	0	0	0	20
陕　西	66	32	2	2	0	0	0	0	0	0	3	6
甘　肃	86	39	2	2	0	0	3	0	0	0	3	22
青　海	48	3	1	0	0	0	0	0	0	0	1	27
宁　夏	8	0	0	0	0	0	0	0	0	0	0	5
新　疆	75	23	2	0	0	0	0	0	1	0	1	26

的注册登记类型

单位：家

私营合伙	私营有限责任公司	私营股份有限公司	其他	与港澳台商合资经营	与港澳台商合作经营	港澳台商独资	港澳台商投资股份有限公司	中外合资经营	中外合作经营	外资企业	外商投资股份有限公司
127	**374**	**43**	**187**	**2**	**2**	**1**	**0**	**2**	**1**	**4**	**2**
2	27	1	0	1	0	0	0	0	0	0	0
0	0	0	6	0	0	0	0	0	0	0	0
0	4	0	5	0	0	0	0	0	0	0	0
2	6	1	3	0	0	0	0	0	0	0	0
2	25	1	15	0	0	0	0	0	0	0	0
3	17	0	9	0	0	0	0	0	0	1	1
0	6	0	5	0	0	0	0	0	0	0	0
1	4	1	1	0	0	0	0	0	0	0	0
0	10	0	2	0	0	0	0	0	0	0	0
0	0	0	6	0	0	0	0	0	0	0	0
40	53	6	10	0	0	0	0	0	0	0	0
2	10	0	7	0	0	0	0	0	0	0	0
1	2	0	3	0	0	0	0	0	0	0	0
2	2	3	4	0	0	0	0	0	0	0	0
1	19	2	14	0	0	1	0	0	0	0	0
1	16	1	3	0	0	0	0	0	0	0	0
14	23	2	13	0	0	0	0	2	0	0	1
13	22	5	3	0	0	0	0	0	0	0	0
2	8	0	21	0	1	0	0	0	0	0	0
6	13	0	6	0	0	0	0	0	0	0	0
0	0	1	3	0	1	0	0	0	0	1	0
3	6	3	1	0	0	0	0	0	0	0	0
6	13	4	18	0	0	0	0	0	0	0	0
2	11	2	5	0	0	0	0	0	0	0	0
9	22	5	9	1	0	0	0	0	1	2	0
7	6	0	0	0	0	0	0	0	0	0	0
1	9	2	9	0	0	0	0	0	0	0	0
0	13	2	0	0	0	0	0	0	0	0	0
1	12	0	3	0	0	0	0	0	0	0	0
0	2	0	1	0	0	0	0	0	0	0	0
6	13	1	2	0	0	0	0	0	0	0	0

9-3 全国二星级饭店的地区分布

地　区	饭店数（家）	客房数（间/套）	床位数（张）	客　房出租率（%）	营业收入（万元）	营业税金及附加（万元）	固定资产原　价（万元）
总　计	**2 557**	**170 001**	**315 113**	**53.25**	**1 056 429.99**	**64 401.92**	**1 879 099.05**
北　京	139	11 724	22 270	51.47	132 380.40	7 428.80	155 448.40
天　津	6	572	1 291	51.84	3 816.83	210.04	10 383.10
河　北	58	4 019	8 351	41.03	29 189.46	1 581.56	49 777.90
山　西	48	3 304	6 446	49.01	18 042.56	944.83	30 498.70
内蒙古	125	7 885	15 157	45.55	39 281.31	1 713.76	141 271.50
辽　宁	93	6 648	12 470	49.87	33 035.03	1 912.48	68 067.96
吉　林	47	2 672	5 160	39.30	11 269.80	598.75	45 940.65
黑龙江	44	2 708	5 256	36.93	6 186.99	362.23	26 998.15
上　海	32	2 691	4 561	68.79	27 746.88	1 447.69	36 501.42
江　苏	102	6 217	11 078	63.13	66 338.99	4 005.56	42 534.83
浙　江	203	15 325	26 814	50.69	97 948.46	5 181.91	137 076.10
安　徽	77	4 870	8 804	51.32	36 261.94	2 446.51	69 673.80
福　建	26	1 782	3 138	54.24	16 209.96	1 066.39	20 273.68
江　西	39	2 629	4 579	53.13	7 296.39	271.51	15 736.37
山　东	111	6 567	12 446	54.45	49 566.42	2 300.31	85 773.55
河　南	66	5 024	9 487	53.40	27 230.27	1 364.13	45 148.48
湖　北	132	8 271	15 203	56.84	48 588.62	2 606.45	74 870.89
湖　南	146	9 219	16 176	67.27	50 938.78	2 792.79	87 769.25
广　东	89	7 091	11 916	62.39	60 307.75	3 515.32	84 981.09
广　西	96	6 911	12 247	52.77	28 595.13	1 597.63	48 153.19
海　南	10	735	1 437	55.20	1 966.21	107.17	3 752.18
重　庆	37	2 329	4 123	49.50	13 910.19	787.55	25 050.36
四　川	116	8 382	14 491	63.28	65 120.60	3 154.98	100 792.51
贵　州	86	3 970	6 813	60.57	22 764.73	1 349.32	65 338.10
云　南	298	17 522	34 204	51.10	63 902.94	6 445.18	179 615.74
西　藏	48	2 574	5 197	56.78	12 053.38	4 806.96	39 061.81
陕　西	66	4 401	8 536	58.06	39 659.13	1 319.03	35 482.26
甘　肃	86	5 417	10 123	49.34	27 764.24	1 710.62	47 259.25
青　海	48	2 484	5 576	38.13	4 416.24	290.72	9 079.03
宁　夏	8	498	862	44.41	596.03	28.01	1 260.88
新　疆	75	5 560	10 901	40.17	14 044.34	1 053.76	95 527.93

9-4 全国二星级饭店的营业收入总额

单位：万元

地　区	营业收入		
		#客房	#餐饮
总　计	**1 056 429.99**	**506 668.88**	**412 010.42**
北　京	132 380.40	73 627.50	36 437.30
天　津	3 816.83	2 025.65	1 499.00
河　北	29 189.46	6 982.19	17 718.23
山　西	18 042.56	8 792.63	8 001.76
内蒙古	39 281.31	15 840.75	20 414.35
辽　宁	33 035.03	18 525.75	10 839.99
吉　林	11 269.80	5 263.78	5 199.15
黑龙江	6 186.99	4 594.49	1 246.35
上　海	27 746.88	16 324.43	6 710.65
江　苏	66 338.99	22 100.50	35 457.88
浙　江	97 948.46	47 663.19	31 672.33
安　徽	36 261.94	12 290.34	20 572.75
福　建	16 209.96	5 753.76	8 159.50
江　西	7 296.39	4 575.23	2 351.92
山　东	49 566.42	17 714.23	25 291.64
河　南	27 230.27	10 447.37	13 624.40
湖　北	48 588.62	25 193.95	19 265.08
湖　南	50 938.78	28 276.34	17 768.12
广　东	60 307.75	31 832.74	14 350.20
广　西	28 595.13	15 170.20	9 212.29
海　南	1 966.21	1 317.21	583.38
重　庆	13 910.19	5 736.99	7 076.42
四　川	65 120.60	26 757.39	30 770.04
贵　州	22 764.73	13 466.72	7 499.38
云　南	63 902.94	39 525.11	17 337.91
西　藏	12 053.38	8 121.37	1 538.04
陕　西	39 659.13	12 801.02	22 236.95
甘　肃	27 764.24	12 978.53	14 020.95
青　海	4 416.24	3 794.38	381.11
宁　夏	596.03	588.83	4.80
新　疆	14 044.34	8 586.33	4 768.57

9-5 全国二星级饭店的营业收入构成

地 区	营业收入（万元）	#客房（%）	#餐饮（%）
总 计	**1 056 429.99**	**47.96**	**39.00**
北 京	132 380.40	55.62	27.52
天 津	3 816.83	53.07	39.27
河 北	29 189.46	23.92	60.70
山 西	18 042.56	48.73	44.35
内蒙古	39 281.31	40.33	51.97
辽 宁	33 035.03	56.08	32.81
吉 林	11 269.80	46.71	46.13
黑龙江	6 186.99	74.26	20.14
上 海	27 746.88	58.83	24.19
江 苏	66 338.99	33.31	53.45
浙 江	97 948.46	48.66	32.34
安 徽	36 261.94	33.89	56.73
福 建	16 209.96	35.50	50.34
江 西	7 296.39	62.71	32.23
山 东	49 566.42	35.74	51.03
河 南	27 230.27	38.37	50.03
湖 北	48 588.62	51.85	39.65
湖 南	50 938.78	55.51	34.88
广 东	60 307.75	52.78	23.79
广 西	28 595.13	53.05	32.22
海 南	1 966.21	66.99	29.67
重 庆	13 910.19	41.24	50.87
四 川	65 120.60	41.09	47.25
贵 州	22 764.73	59.16	32.94
云 南	63 902.94	61.85	27.13
西 藏	12 053.38	67.38	12.76
陕 西	39 659.13	32.28	56.07
甘 肃	27 764.24	46.75	50.50
青 海	4 416.24	85.92	8.63
宁 夏	596.03	98.79	0.81
新 疆	14 044.34	61.14	33.95

9-6 全国二星级饭店每间客房的收益

地　区	饭店数（家）	饭店规模		客　房出租率（%）	每间客房年 收 入（万元）
		客房数（间/套）	床位数（张）		
总　计	**2 557**	**170 001**	**315 113**	**53.25**	**6.21**
北　京	139	11 724	22 270	51.47	11.29
天　津	6	572	1 291	51.84	6.67
河　北	58	4 019	8 351	41.03	7.26
山　西	48	3 304	6 446	49.01	5.46
内蒙古	125	7 885	15 157	45.55	4.98
辽　宁	93	6 648	12 470	49.87	4.97
吉　林	47	2 672	5 160	39.30	4.22
黑龙江	44	2 708	5 256	36.93	2.28
上　海	32	2 691	4 561	68.79	10.31
江　苏	102	6 217	11 078	63.13	10.67
浙　江	203	15 325	26 814	50.69	6.39
安　徽	77	4 870	8 804	51.32	7.45
福　建	26	1 782	3 138	54.24	9.10
江　西	39	2 629	4 579	53.13	2.78
山　东	111	6 567	12 446	54.45	7.55
河　南	66	5 024	9 487	53.40	5.42
湖　北	132	8 271	15 203	56.84	5.87
湖　南	146	9 219	16 176	67.27	5.53
广　东	89	7 091	11 916	62.39	8.50
广　西	96	6 911	12 247	52.77	4.14
海　南	10	735	1 437	55.20	2.68
重　庆	37	2 329	4 123	49.50	5.97
四　川	116	8 382	14 491	63.28	7.77
贵　州	86	3 970	6 813	60.57	5.73
云　南	298	17 522	34 204	51.10	3.65
西　藏	48	2 574	5 197	56.78	4.68
陕　西	66	4 401	8 536	58.06	9.01
甘　肃	86	5 417	10 123	49.34	5.13
青　海	48	2 484	5 576	38.13	1.78
宁　夏	8	498	862	44.41	1.20
新　疆	75	5 560	10 901	40.17	2.53

9-7 全国二星级饭店的人均效益

地　区	全员劳动生产率（万元/人）	人均实现利润（万元/人）	人均占用固定资产原价（万元/人）	年末从业人员（人）
总　计	**10.98**	**0.23**	**19.54**	**96 181**
北　京	18.43	0.79	21.64	7 182
天　津	15.64	-1.05	42.55	244
河　北	9.66	-0.22	16.47	3 023
山　西	6.53	-0.37	11.04	2 762
内蒙古	8.42	0.50	30.28	4 666
辽　宁	9.68	-0.90	19.94	3 414
吉　林	7.13	-0.37	29.08	1 580
黑龙江	5.52	-0.53	24.08	1 121
上　海	18.94	1.28	24.92	1 465
江　苏	16.60	-0.13	10.64	3 996
浙　江	14.24	0.42	19.93	6 877
安　徽	10.07	-0.52	19.35	3 600
福　建	12.54	0.56	15.68	1 293
江　西	10.31	0.61	22.23	708
山　东	11.22	0.12	19.41	4 419
河　南	9.06	-0.02	15.02	3 006
湖　北	12.45	-0.22	19.19	3 902
湖　南	6.38	0.45	10.99	7 989
广　东	14.91	1.98	21.01	4 044
广　西	9.08	-0.10	15.30	3 148
海　南	7.56	-0.75	14.43	260
重　庆	10.24	0.21	18.45	1 358
四　川	12.82	0.72	19.84	5 079
贵　州	9.11	0.50	26.14	2 500
云　南	7.19	-0.22	20.22	8 883
西　藏	11.26	2.01	36.51	1 070
陕　西	15.94	0.03	14.26	2 488
甘　肃	8.30	-0.16	14.13	3 344
青　海	5.43	0.16	11.17	813
宁　夏	4.20	0.07	8.88	142
新　疆	7.78	0.42	52.92	1 805

十、全国一星级饭店综合资料

10-1 全国一星级饭店

	饭店数 （家）	客房数 （间/套）	床位数 （张）
合 计	**99**	**4 916**	**9 420**
国有企业	23	1 128	2 153
集体企业	3	191	362
股份合作企业	2	52	91
国有联营	0	—	—
集体联营	0	—	—
国有与集体联营	0	—	—
其他联营	0	—	—
国有独资公司	2	122	238
其他有限责任公司	0	—	—
股份有限公司	3	126	266
私营独资	38	1 791	3 250
私营合伙	7	330	822
私营有限责任公司	16	839	1 640
私营股份有限公司	0	—	—
其他	4	255	504
与港澳台商合资经营	0	—	—
与港澳台商合作经营	0	—	—
港澳台商独资	0	—	—
港澳台商投资股份有限公司	0	—	—
中外合资经营	1	82	94
中外合作经营	—	—	—
外资企业	—	—	—
外商投资股份有限公司	—	—	—

综合情况

客　房 出租率 （%）	营业收入 （万元）	营业税金 及 附 加 （万元）	固定资产 原　　价 （万元）
49.41	**18 629.84**	**978.88**	**48 015.65**
53.48	5 514.65	286.41	21 652.93
47.35	763.57	41.31	1 147.18
54.47	115.50	6.94	187.32
—	—	—	—
—	—	—	—
—	—	—	—
—	—	—	—
25.77	105.41	6.91	503.02
—	—	—	—
58.47	1 306.90	61.98	863.22
48.29	5 085.99	241.90	7 347.68
71.24	872.40	40.76	2 351.70
41.82	2 912.13	191.35	6 103.40
—	—	—	—
56.07	1 639.20	84.00	3 648.80
—	—	—	—
—	—	—	—
—	—	—	—
—	—	—	—
55.71	314.10	17.30	4 210.40
—	—	—	—
—	—	—	—
—	—	—	—

10-2 全国一星级饭店

地 区	总计	国有企业	集体企业	股份合作企业	国有联营	集体联营	国有与集体联营	其他联营	国有独资公司	其他有限责任公司	股份有限公司	私营独资
总 计	**99**	**23**	**3**	**2**	**0**	**0**	**0**	**0**	**2**	**0**	**3**	**38**
北 京	5	0	0	0	0	0	0	0	0	0	0	1
天 津	0	0	0	0	0	0	0	0	0	0	0	0
河 北	2	2	0	0	0	0	0	0	0	0	0	0
山 西	0	0	0	0	0	0	0	0	0	0	0	0
内蒙古	1	0	0	0	0	0	0	0	0	0	0	0
辽 宁	3	0	0	0	0	0	0	0	0	0	0	1
吉 林	0	0	0	0	0	0	0	0	0	0	0	0
黑龙江	2	1	0	0	0	0	0	0	0	0	0	0
上 海	1	0	0	0	0	0	0	0	0	0	0	0
江 苏	0	0	0	0	0	0	0	0	0	0	0	0
浙 江	13	1	0	1	0	0	0	0	1	0	1	1
安 徽	1	1	0	0	0	0	0	0	0	0	0	0
福 建	1	1	0	0	0	0	0	0	0	0	0	0
江 西	0	0	0	0	0	0	0	0	0	0	0	0
山 东	0	0	0	0	0	0	0	0	0	0	0	0
河 南	2	0	0	0	0	0	0	0	0	0	0	2
湖 北	1	0	0	0	0	0	0	0	0	0	0	1
湖 南	6	0	0	0	0	0	0	0	0	0	0	3
广 东	3	1	0	0	0	0	0	0	0	0	0	1
广 西	1	0	0	0	0	0	0	0	0	0	0	1
海 南	3	1	0	0	0	0	0	0	0	0	0	1
重 庆	0	0	0	0	0	0	0	0	0	0	0	0
四 川	3	0	0	0	0	0	0	0	0	0	0	3
贵 州	15	5	0	1	0	0	0	0	0	0	0	8
云 南	22	5	1	0	0	0	0	0	1	0	0	14
西 藏	4	1	1	0	0	0	0	0	0	0	0	1
陕 西	0	0	0	0	0	0	0	0	0	0	0	0
甘 肃	7	3	1	0	0	0	0	0	0	0	2	0
青 海	1	0	0	0	0	0	0	0	0	0	0	0
宁 夏	0	0	0	0	0	0	0	0	0	0	0	0
新 疆	2	1	0	0	0	0	0	0	0	0	0	0

的注册登记类型

单位：家

私营合伙	私营有限责任公司	私营股份有限公司	其他	与港澳台商合资经营	与港澳台商合作经营	港澳台商独资	港澳台商投资股份有限公司	中外合资经营	中外合作经营	外资企业	外商投资股份有限公司
7	**16**	**0**	**4**	**0**	**0**	**0**	**0**	**1**	**0**	**0**	**0**
0	4	0	0	0	0	0	0	0	0	0	0
0	0	0	0	0	0	0	0	0	0	0	0
0	0	0	0	0	0	0	0	0	0	0	0
0	0	0	0	0	0	0	0	0	0	0	0
0	1	0	0	0	0	0	0	0	0	0	0
0	0	0	1	0	0	0	0	1	0	0	0
0	0	0	0	0	0	0	0	0	0	0	0
0	1	0	0	0	0	0	0	0	0	0	0
0	1	0	0	0	0	0	0	0	0	0	0
0	0	0	0	0	0	0	0	0	0	0	0
3	5	0	0	0	0	0	0	0	0	0	0
0	0	0	0	0	0	0	0	0	0	0	0
0	0	0	0	0	0	0	0	0	0	0	0
0	0	0	0	0	0	0	0	0	0	0	0
0	0	0	0	0	0	0	0	0	0	0	0
0	0	0	0	0	0	0	0	0	0	0	0
0	0	0	0	0	0	0	0	0	0	0	0
2	1	0	0	0	0	0	0	0	0	0	0
0	1	0	0	0	0	0	0	0	0	0	0
0	0	0	0	0	0	0	0	0	0	0	0
0	0	0	1	0	0	0	0	0	0	0	0
0	0	0	0	0	0	0	0	0	0	0	0
0	0	0	0	0	0	0	0	0	0	0	0
0	1	0	0	0	0	0	0	0	0	0	0
0	1	0	0	0	0	0	0	0	0	0	0
1	0	0	0	0	0	0	0	0	0	0	0
0	0	0	0	0	0	0	0	0	0	0	0
1	0	0	0	0	0	0	0	0	0	0	0
0	0	0	1	0	0	0	0	0	0	0	0
0	0	0	0	0	0	0	0	0	0	0	0
0	0	0	1	0	0	0	0	0	0	0	0

10-3 全国一星级饭店的地区分布

地　区	饭店数 （家）	客房数 （间/套）	床位数 （张）	客　房 出租率 （%）	营业收入 （万元）	营业税金 及附加 （万元）	固定资产 原　价 （万元）
总　计	**99**	**4 916**	**9 420**	**49.41**	**18 629.84**	**978.88**	**48 015.65**
北　京	5	429	871	11.59	1 673.10	94.30	2 238.90
天　津	0	—	—	—	—	—	—
河　北	2	171	316	48.50	1 127.30	67.60	872.80
山　西	0	—	—	—	—	—	—
内蒙古	1	45	83	32.71	38.00	3.10	320.00
辽　宁	3	133	199	55.19	515.10	32.30	4 551.90
吉　林	0	—	—	—	—	—	—
黑龙江	2	189	362	59.77	610.40	34.10	1 441.40
上　海	1	48	97	35.10	241.40	10.80	247.40
江　苏	0	—	—	—	—	—	—
浙　江	13	512	963	50.09	2 678.18	150.43	2 971.39
安　徽	1	32	62	59.08	51.99	2.94	236.20
福　建	1	28	54	56.92	1 181.80	66.20	392.50
江　西	0	—	—	—	—	—	—
山　东	0	—	—	—	—	—	—
河　南	2	65	135	56.85	71.93	0.00	157.00
湖　北	1	60	120	50.00	207.00	62.10	500.00
湖　南	6	340	584	82.13	1 854.36	70.22	4 657.29
广　东	3	206	361	36.19	552.64	20.78	1 947.10
广　西	1	24	51	71.98	151.40	1.50	2.50
海　南	3	186	342	49.51	262.95	5.49	2 422.40
重　庆	0	—	—	—	—	—	—
四　川	3	167	289	30.74	722.50	13.89	1 438.20
贵　州	15	542	880	55.04	1 463.99	91.10	2 983.19
云　南	22	1 071	2 088	49.03	2 594.75	132.89	4 342.40
西　藏	4	213	642	70.81	499.23	6.00	385.00
陕　西	0	—	—	—	—	—	—
甘　肃	7	293	604	31.00	340.82	14.73	11 931.78
青　海	1	100	188	25.50	1 360.80	76.70	826.80
宁　夏	0	—	—	—	—	—	—
新　疆	2	62	129	37.95	430.20	21.70	3 149.50

10-4 全国一星级饭店的营业收入总额

单位：万元

地　区	营业收入	#客房	#餐饮
总　计	**18 629.84**	**8 470.36**	**7 660.51**
北　京	1 673.10	184.00	912.60
天　津	—	—	—
河　北	1 127.30	207.20	897.60
山　西	—	—	—
内蒙古	38.00	38.00	—
辽　宁	515.10	347.80	121.30
吉　林	—	—	—
黑龙江	610.40	319.20	110.00
上　海	241.40	85.70	147.70
江　苏	—	—	—
浙　江	2 678.18	1 028.92	1 563.12
安　徽	51.99	48.33	—
福　建	1 181.80	73.50	1 108.30
江　西	—	—	—
山　东	—	—	—
河　南	71.93	71.29	0.64
湖　北	207.00	104.00	103.00
湖　南	1 854.36	1 230.08	475.30
广　东	552.64	172.44	380.20
广　西	151.40	125.80	25.60
海　南	262.95	233.87	—
重　庆	—	—	—
四　川	722.50	149.40	443.60
贵　州	1 463.99	982.09	468.40
云　南	2 594.75	2 034.92	540.30
西　藏	499.23	489.00	7.03
陕　西	—	—	—
甘　肃	340.82	293.62	35.22
青　海	1 360.80	186.80	0.30
宁　夏	—	—	—
新　疆	430.20	64.40	320.30

10-5　全国一星级饭店的营业收入构成

地　区	营业收入（万元）		
		#客房（%）	#餐饮（%）
总　计	**18 629.84**	**45.47**	**41.12**
北　京	1 673.10	11.00	54.55
天　津	—	—	—
河　北	1 127.30	18.38	79.62
山　西	—	—	—
内蒙古	38.00	100.00	—
辽　宁	515.10	67.52	23.55
吉　林	—	—	—
黑龙江	610.40	52.29	18.02
上　海	241.40	35.50	61.18
江　苏	—	—	—
浙　江	2 678.18	38.42	58.37
安　徽	51.99	92.96	—
福　建	1 181.80	6.22	93.78
江　西	—	—	—
山　东	—	—	—
河　南	71.93	99.11	0.89
湖　北	207.00	50.24	49.76
湖　南	1 854.36	66.33	25.63
广　东	552.64	31.20	68.80
广　西	151.40	83.09	16.91
海　南	262.95	88.94	—
重　庆	—	—	—
四　川	722.50	20.68	61.40
贵　州	1 463.99	67.08	31.99
云　南	2 594.75	78.42	20.82
西　藏	499.23	97.95	1.41
陕　西	—	—	—
甘　肃	340.82	86.15	10.33
青　海	1 360.80	13.73	0.02
宁　夏	—	—	—
新　疆	430.20	14.97	74.45

10-6 全国一星级饭店每间客房的收益

地 区	饭店数（家）	饭店规模		客房出租率（%）	每间客房年收入（万元）
		客房数（间/套）	床位数（张）		
总 计	**99**	**4 916**	**9 420**	**49.41**	**3.79**
北 京	5	429	871	11.59	3.90
天 津	0	—	—	—	—
河 北	2	171	316	48.50	6.59
山 西	0	—	—	—	—
内蒙古	1	45	83	32.71	0.84
辽 宁	3	133	199	55.19	3.87
吉 林	0	—	—	—	—
黑龙江	2	189	362	59.77	3.23
上 海	1	48	97	35.10	5.03
江 苏	0	—	—	—	—
浙 江	13	512	963	50.09	5.23
安 徽	1	32	62	59.08	1.62
福 建	1	28	54	56.92	42.21
江 西	0	—	—	—	—
山 东	0	—	—	—	—
河 南	2	65	135	56.85	1.11
湖 北	1	60	120	50.00	3.45
湖 南	6	340	584	82.13	5.45
广 东	3	206	361	36.19	2.68
广 西	1	24	51	72	6.31
海 南	3	186	342	49.51	1.41
重 庆	0	—	—	—	—
四 川	3	167	289	30.74	4.33
贵 州	15	542	880	55.04	2.70
云 南	22	1 071	2 088	49.03	2.42
西 藏	4	213	642	70.81	2.34
陕 西	0	—	—	—	—
甘 肃	7	293	604	31.00	1.16
青 海	1	100	188	25.50	13.61
宁 夏	0	—	—	—	—
新 疆	2	62	129	37.95	6.94

10-7 全国一星级饭店的人均效益

地　区	全员劳动生产率（万元/人）	人均实现利润（万元/人）	人均占用固定资产原价（万元/人）	年末从业人员（人）
总　计	**9.69**	**0.61**	**24.97**	**1 923**
北　京	11.87	0.98	15.88	141
天　津	—	—	—	—
河　北	7.83	0.48	6.06	144
山　西	—	—	—	—
内蒙古	5.43	-0.16	45.71	7
辽　宁	9.37	-3.43	82.76	55
吉　林	—	—	—	—
黑龙江	9.39	0.33	22.18	65
上　海	18.57	-5.18	19.03	13
江　苏	—	—	—	—
浙　江	9.02	-0.42	10.00	297
安　徽	5.20	—	23.62	10
福　建	28.82	1.71	9.57	41
江　西	—	—	—	—
山　东	—	—	—	—
河　南	3.13	0.22	6.83	23
湖　北	12.94	—	31.25	16
湖　南	10.60	1.11	26.61	175
广　东	4.64	-0.15	16.36	119
广　西	10.09	0.80	0.17	15
海　南	7.30	—	67.29	36
重　庆	—	—	—	—
四　川	9.03	1.17	17.98	80
贵　州	8.77	1.32	17.86	167
云　南	7.94	0.05	13.28	327
西　藏	16.64	1.17	12.83	30
陕　西	—	—	—	—
甘　肃	4.67	0.16	163.45	73
青　海	34.02	17.99	20.67	40
宁　夏	—	—	—	—
新　疆	8.78	-0.57	64.28	49

责任编辑：王　军
责任印制：冯冬青

图书在版编目（CIP）数据

中国旅游统计年鉴：副本. 2015 / 中华人民共和国国家旅游局编. -- 北京：中国旅游出版社, 2015.12
ISBN 978-7-5032-5517-5

Ⅰ. ①中…　Ⅱ. ①中…　Ⅲ. ①旅游业－统计资料－中国－2015－年鉴　Ⅳ. ①F592-66

中国版本图书馆CIP数据核字（2015）第309366号

书　　名：中国旅游统计年鉴（副本）2015

作　　者：中华人民共和国国家旅游局
出版发行：中国旅游出版社
（北京建国门内大街甲9号　邮编：100005）
http://www.cttp.net.cn　E-mail:cttp@cnta.gov.cn
发行部电话：010-85166503
排　　版：北京中文天地文化艺术有限公司
印　　刷：北京工商事务印刷有限公司
版　　次：2015年12月第1版　2015年12月第1次印刷
开　　本：787毫米 × 1092毫米　1/16
印　　张：10.5
字　　数：220千
定　　价：120.00元
I S B N　978-7-5032-5517-5